처음 만나는 스크랩북킹

처음 만나는 스크랩북킹

세상에 하나뿐인 나만의 앨범 만들기

지나 진 지음

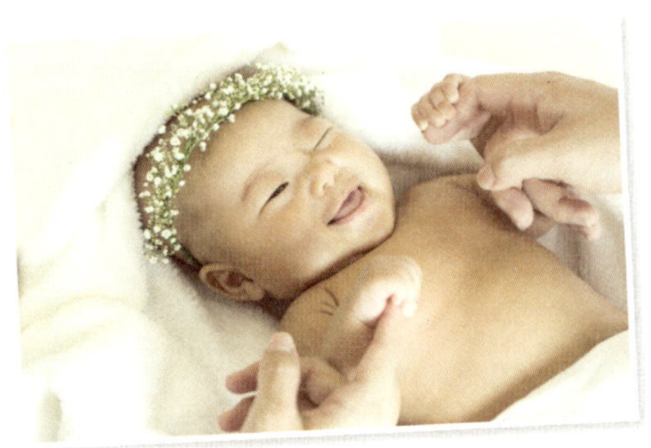

미디어샘

아날로그적 감성과 소중한 추억을 담은
나만의 아주 특별한 앨범, 스크랩북킹

십여 년 전, 친구가 직접 만든 웨딩 앨범을 본 순간 가슴이 두근거렸습니다. 그녀의 책상 위에는 디자이너 안나 그리핀의 우아함이 녹아있는 패턴지 뭉치와 스탬핑톤사의 빈티지한 스탬프들이 잔뜩 쌓여있었습니다. 그 아날로그적 경험은 당시 디지털 카메라에 푹 빠져있던 내게 신선하게 다가왔습니다. 친구의 웨딩 앨범이 바로 내가 처음 만난 스크랩북킹이었습니다.

　　사진을 좋아하고 일상과 감정에 대해 짧은 글 쓰기를 좋아하는 나에게 스크랩북킹은 당연히 매력적일 수밖에 없는 분야였습니다. 스크랩북킹을 시작하면서 나는 더 많은 사진을 찍고, 무심코 지나치던 내 삶의 구석구석을 가까이 들여다보게 되었습니다. 그렇게 반짝이는 시간을 담다 보니 보석 같은 앨범이 한권한권 쌓여갔습니다.

　　개인의 사진과 이야기를 담고 있어 지극히 사적이면서도 한편으로는 누군가에게 자랑하듯 꺼내 보여주고 싶은 포토 다이어리라고 할까요? 조금 더 욕심을 부리자면 단순한 기억 보관함이 아니라 개성 있고 세련된 나만의 추억 포트폴리오라고 하겠습니다. 나에게 스크랩북킹이란 과거를 기억하고자 하는 하나의 방식이자, 현재를 즐기는 방식이기도 합니다.

　이제 보다 많은 사람이 삶의 순간순간에 예민해지고 기분 좋은 창의력을 발휘할 수 있는 '스크랩북킹'이라는 세계를 마주하는 데 이 책이 도움이 되길 바랍니다. 간편하지만 너무 호흡이 빨라서 아쉬운 SNS 사진 프레임을 벗어나서, 이미 오래전 분류조차 포기해버린 스마트폰 속 사진 더미를 비껴나서 이제 당신의 일상과 추억을 신선하게 디자인해보세요! 분명 스크랩북킹은 당신만의 아주 특별한 갤러리를 선사할 것입니다.

지나 진

ABOUT 스크랩북킹

일기 옆에 영화티켓을 붙인다든지, 친구 사진과 함께 친구가 건넨 편지를 함께 보관한다든지 한 경험 있나요? 가족의 히스토리가 담긴 앨범, 소소한 일상을 정리한 다이어리, 특정 분야의 정보를 목적에 맞게 정리하는 미니북, 개인 작업물을 정리한 포트폴리오 모두 스크랩북킹 범주에 속합니다. 스크랩북킹은 조금 더 특화되고 산업화된 생활 공예 장르로서 단순한 보관과 기록의 단계를 넘어서 개성, 취향, 감성을 적극적으로 드러내는 작품으로서 독립적인 디자인의 한 분야로 성장해나가고 있습니다.

미국에서 가장 인기 있는 취미생활 2위로 조사된 바 있는 스크랩북킹은 학교에서 수업 및 과제로 시행될 만큼 대중화된 생활 공예입니다. 해외거주나 유학 경험이 있는 이들에게서 한국에 소개된 후 꾸준히 영역을 넓혀가다 최근 SNS 활성화로 정보 공유가 이루어져 취미로서의 접근이 용이해졌습니다. 아이의 성장 기록을 좀 더 특별하게 담고 싶은 30~40대 주부를 중심으로 '고급스러운 취미'로서 스크랩북킹을 즐기는 이가 늘고 있습니다.

숨가쁘게 살아가는 현대인들에게 아날로그적인 감성과 소중한 추억의 정서를 선사하는 스크랩북킹은 앞으로 사적이면서도 개성있는 생활 공예 디자인으로 더욱 사랑받게 되어 한국 스크랩북커가 점차 늘어날 것입니다.

1 컷팅 도구 칼, 가위, 트리머가 있다. 테프론 코팅이 된 가위가 가위날에 이물질이 달라붙지 않아 좋다. 트리머는 종이 재단기를 말하는데, 칼날이 감추어져 있어서 일반 작두보다 안전하며 12인치 사이즈 스크랩북킹용 배경지 절단시 눈금을 활용할 수 있어 편리하다. : **2 접착도구** 양면테이프, 풀, 글루건, 폼 테이프가 있다. 스크랩북킹 작업시 일반적인 종이 접착은 양면테이프를, 입체적으로 표현하고 싶을 때에는 폼 테이프를 사용한다. 우드나 패브릭 소재 접착에는 풀을, 탄탄하게 붙이고 싶거나 금속류 접착시에는 글루건을 이용한다. : **3 저널링 도구** 펜, 날짜 스탬프, 알파벳 스티커, 타이틀 장식이 대표적이다. 일반 종이에 저널링할 때에는 아무 펜이나 써도 된다. 매끄러운 재질의 특수 종이, 사진, 비닐, 아세테이트 등의 표면에 글을 적을 때에는 유성펜을 사용한다. 스크랩북킹은 날짜를 기록할 일이 많은데 이때 날짜 스탬프를 사용하면 간편하다. 알파벳 스티커와 타이틀 장식으로 스크랩북킹에 제목을 붙여주면 좋다. : **4 배경지** 사진과 기타 부속물을 안정적으로 지탱해줄 수 있는 도톰한 용량의 바탕 배경지, 다양한 색감과 패턴으로 구성된 패턴 배경지가 있다. : **5 다이컷과 팬시 스티커** 주제나 콘셉트에 맞게 디자인되어 잘려 나오는 모티프 종이 조각을 다이컷이라고 한다. 뒷면에 접착제가 도포된 스티커류를 활용하면 스크랩북킹 작업이 더욱 손쉽다. 태그, 라벨, 포토 프레임 등 종류가 다양하다. : **6 장식용 부자재** 각종 버튼, 젬스톤, 리본, 스트링 등이 있다. 그 밖에 보다 창의적인 표현을 위해 펀치, 물감, 잉크, 붓 등 새로운 도구를 응용해도 좋다.

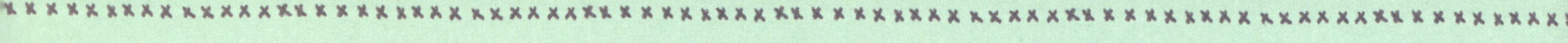

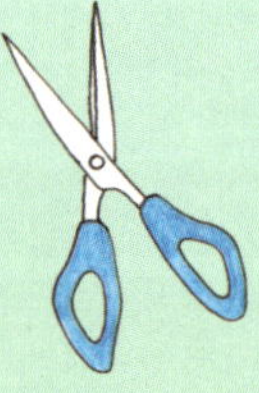

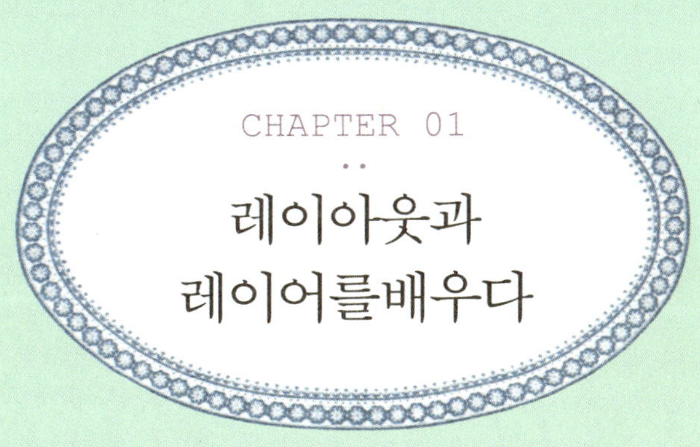

CHAPTER 01
레이아웃과
레이어를배우다

러블리 첫돌 BABY PHOTO

첫돌 기념으로 찍은 스튜디오 사진을 꾸며보았어요.
사진 배경의 초록색을 메인컬러로 정하고 비슷한 색조의 종이와 장식으로 통일감을 주었습니다.

• 난이도: ★★   • 컬러:

• 재료: 배경지, 알파벳 스티커, 입체 스티커, 팬시 스티커, 태그, 라벨, 종이꽃, 바느질 도구

1 사진과 어울릴 만한 패턴 배경지 여러 장을 사진 크기보다 조금 더 크게 잘라 바탕 배경지 위에 겹쳐서 붙여주세요.

2 다양한 태그와 라벨을 사진 레이어 아래에 배치하세요.

3 큼직한 종이꽃과 입체 스티커로 장식해주세요.

4 비슷한 색감의 민트색 알파벳 스티커 2종으로 타이틀을 붙이세요.

● **바탕용 종이와 포인트용 종이**

배경지는 가로세로 12인치(약 30cm)를 주로 사용합니다. 용도에 따라 크게 바탕 배경지와 패턴 배경지로 나눌 수 있습니다. 은은한 색감과 잔잔한 문양은 바탕 배경지로 적합합니다. 색감이 강하거나 문양이 복잡한 패턴 배경지는 자칫 사진이 묻힐 수 있으므로 작게 잘라서 장식으로 활용하세요.

QnA

Q. 스크랩북킹 구성 요소가 뭐예요?

A. 스크랩북킹 레이아웃의 4가지 구성 요소는 사진, 배경, 타이틀(저널링), 장식입니다.

Q. 사진을 돋보이게 꾸미고 싶어요!

A. 단색이나 은은한 패턴의 종이를 사진의 바탕지로 사용하면 사진이 부각됩니다.

일상을 프레임에 담다 PHOTO DIARY

기록하고 싶은 날 사진 몇 장과 함께 사진 일기를 꾸며보았어요. 나무 벽에 자그마한 액자 여러 개를
걸어놓은 것처럼 연출했습니다. 화이트 톤 소품 사진으로 통일성과 안정감을 유지했습니다.

•• 난이도: ★★ •• 컬러:
•• 재료: 배경지, 알파벳 스티커, 라벨, 틴 소재 장식, 아크릴 장식, 리본 장식, 바느질 도구

1

2

1 각각 패턴이 다른 종이를 가늘게 잘라 바탕 배경지 위아래에 붙여주세요.

2 사진 위치를 정하고 빈 공간은 라벨을 배치해 채워주세요.

3 라벨에 사진 설명이나 일기를 적고, 알파벳 스티커로 타이틀을 만드세요.

4 틴 소재 장식과 투명 아크릴 장식을 붙이고 흰실로 라벨에 스티치를 넣어 마무리하세요.

3

4

- **종이 오려 붙이기**

바탕 배경지 위아래에 패턴지를 길게 잘라 붙여주면 발랄한 인상은 물론 위아래 테두리가 생겨 정돈된 인상을 줍니다. 또한 여러 장의 종이를 겹쳐놓은 듯한 효과를 줄 수 있습니다.

Q. 사진 크기는 어떻게 결정하나요?

A. 사진 인화 사이즈는 보통 3×4 혹은 4×6인치입니다. 한 페이지의 스크랩북킹을 만들 때 크기가 다른 여러 장의 사진을 배치하면 재미있는 연출을 할 수 있습니다. 사진을 조금씩 자르거나 다양한 사이즈로 인화해보세요.

Q. 여러 장의 사진을 멋지게 배치하고 싶어요!

A. 두 장 이상의 사진으로 스크랩북킹할 때에는 배경에 적절한 여백을 두는 것이 좋습니다. 스크랩북킹 페이지가 사진으로 가득차면 답답하고 복잡한 인상을 주거든요. 사진 속 여백을 활용하거나 사진 색감을 통일해주는 게 좋습니다.

기억하고 싶은 순간은 크게 TRAVEL PHOTO

가족여행으로 찾은 바닷가에서 물놀이하는 아이들의 뒷모습을 찍었습니다. 크게 인화해서 시원한 배경과
여행 당시의 분위기를 강조했습니다. 저널링에 촬영 에피소드를 적으면 그 순간을 생생히 기억할 수 있어요.

• 난이도: ★   • 컬러:
• 재료: 흰색 배경지, 타이틀 스티커, 라벨, 다이컷, 큐빅 장식, 클립 장식, 코르크 장식, 바느질 도구, 날짜 스탬프

1

2

1 A4 사이즈 사진을 준비하세요. 저널링은 좋아하는 폰트로 자유롭게 쓰고 중앙정렬하여 흰색 배경지에 인쇄합니다. 사진 접착란은 비워두세요.

2 저널링이 인쇄된 흰색 배경지에 양면테이프로 사진을 붙이세요.

3 타이틀용 스티커, 클립 장식, 큐빅 장식 등을 사진에 직접 붙여서 꾸며주세요.

4 저널링 부분을 스티커로 장식하고 약간의 스티치를 넣어 마무리합니다.

3

4

● **빅포토 장식**

배경지만 한 사진으로 스크랩북킹할 때에는 장식 재료를 사진 위에 직접 붙이세요. 사진 이미지와 입체적인 장식이 어우러져 독특한 분위기로 연출할 수 있습니다. 이때 사진 속 메인이 되는 인물이나 사물이 돋보이도록 심플한 장식을 붙여주는 것이 좋습니다. 사진이 주는 느낌을 최대한 살리는 게 포인트예요.

QnA

Q. 크게 인화해서 스크랩북킹하기 좋은 사진이 따로 있나요?

A. 인물의 행동이 중점인 사진이나 배경이 부각되는 사진은 크게 인화했을 때 느낌이 살아납니다. 특히 여행지에서 찍은 활동적인 사진이나 기념하고 싶은 배경이 찍힌 사진은 크게 인화해보세요.

Q. 저널링은 어떻게 프린트하나요?

A. 한글 프로그램으로 문서 작업하듯이 하면 됩니다. 원하는 폰트와 사이즈로 내용을 입력한 후, 사진에 어울리도록 줄 간격이나 정렬방식을 설정합니다. 사진이나 배경지에 인쇄하기 전에 다른 종이에 테스트 인쇄해보면 작업 실수로 배경지를 망치는 일을 예방할 수 있습니다.

네모에 담은 소소한 일상 GRID LAYOUT

정사각형 사진 9장을 나란히 배치해서 마치 스마트폰 섬네일을 보는 듯한 느낌으로 연출했습니다. 깔끔하고 심플한 스타일이라서
여러 장의 사진을 함께 꾸밀 때 응용하면 좋은 레이아웃입니다. 금속 스터드 장식으로 간결하면서도 임팩트 있게 마무리했습니다.

- 난이도: ★
- 컬러:
- 재료: 배경지, 알파벳 스티커, 타이틀 스티커, 금속 장식, 라벨

1

2

3

1 정사각형으로 인화한 사진 여러 장과 배경지 두 장을 덧대어 준비하세요.

2 사진을 격자로 배치하고, 사진 모서리에 타이틀을 배치하세요.

3 검은색 펜으로 사진 외곽선을 그려주고, 별 모양 금속 장식을 붙여 완성합니다.

- **사진 편집 애플리케이션**

사진 편집 애플리케이션은 종류가 다양합니다. 독특하고 재미있는 기능이 많고 사용법이 간단해서 누구나 쉽게 사진을 꾸밀 수 있습니다. 사진에 글씨를 넣거나 프레임을 넣을 수도 있습니다. 애플리케이션으로 사진을 꾸며 스크랩북킹에 활용해보세요.

QnA

Q. 왜 펜으로 사진 외곽선을 그려주었나요?

A. 작은 사진 여러 장을 나란히 배치하면 자칫 복잡해 보일 수 있습니다. 검은색 펜으로 그룹 지어 선을 그려주면 사진 프레임 역할을 하여 여러 장의 작은 사진이 한 장의 큰 사진처럼 느껴져서 깔끔하게 정돈된 인상을 줄 수 있습니다.

Q. 그리드 레이아웃에서 사진이 돋보이게 장식하고 싶어요!

A. 사진이 많은 레이아웃은 장식을 최대한 절제하는 것이 좋습니다. 장식 수는 줄이되 독특한 소재 장식으로 부분적으로 부각시켜보세요.

디자인 잡지를 편집하듯 MAGAZINE LAYOUT

동일한 테마의 사진을 나란히 배치하고 심플한 배경지와 알파벳 스티커로 잡지의 한 페이지처럼 연출했습니다.
'THE PLACE'라는 테마를 잡지 기사 제목처럼 크게 붙였습니다.

•• 난이도: ★   •• 컬러:
•• 재료: 배경지, 알파벳 스티커, 팬시 스티커, 판박이

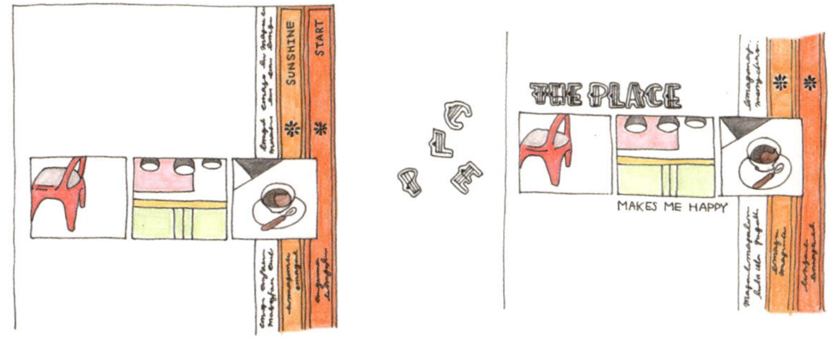

1 직선과 타이포로 된 패턴 배경지 일부를 잘라 흰색 배경지에 배치하고, 사진은 세로 사이즈를 맞추어 파노라마처럼 붙여주세요.

2 큰 알파벳 스티커로 대제목을, 작은 알파벳 스티커로 소제목을 붙여주세요.

3 제목 아래에 짧은 문장 판박이를 붙여 잡지 기사처럼 꾸며주고, 작은 팬시 스티커 등을 붙여 장식하세요.

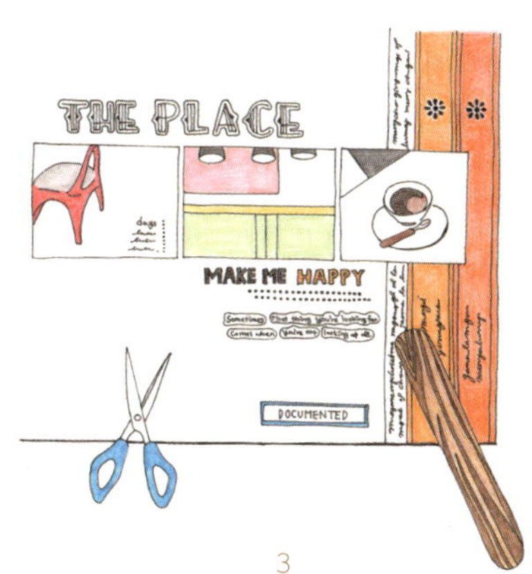

- **매거진 레이아웃과 저널링**

매거진 레이아웃의 저널링은 손글씨보다 타이포그라피가 더 잘 어울립니다. 종이에 인쇄하거나 배경지에 판박이를 붙여 꾸며주면 더욱 잡지 페이지처럼 연출할 수 있습니다.

QnA

Q. 사진을 일렬로 배치할 때 주의할 점은 무엇인가요?

A. 사진이 스토리로 연결될 때, 사진의 테마가 동일할 때 사진 서너 장을 일렬로 배치하면 좋습니다. 이때 세로 크기만 맞추고 가로 크기는 약간씩 다르게 잘라보세요. 밸런스는 유지하면서 가로세로가 균등한 사진에 비해 훨씬 생동감 있게 구성할 수 있습니다.

Q. 매거진 레이아웃에 어울리는 장식은 무엇인가요?

A. 과감한 컬러 조합이나 개성 있는 타이포로 시선을 끌어주는 것이 좋습니다. 매거진의 평면적인 특성을 살리면서 작은 스티커나 판박이 정도로 최대한 간결하게 마무리하세요.

사진에 입체감을 주다 NORMAL LAYER

사진 아래에 종이 여러 장을 레이어드하고 사진 위에 장식을 올려 도톰한 레이어를 만들어줍니다.
사진에 입체감을 주어 스크랩북킹의 장점이 돋보이도록 했습니다.

- 난이도: ★★
- 컬러:
- 재료: 배경지, 팬시 스티커, 라벨, 클립 장식, 태그, 다이컷

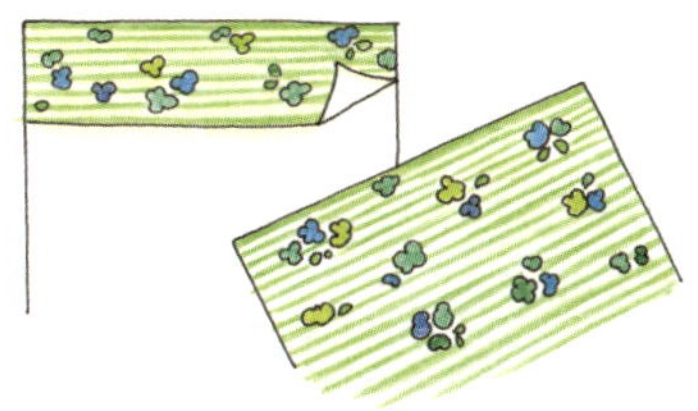

1

2

1 패턴 배경지를 넓게 잘라 흰색 배경지 상단에 접착합니다.

2 여러 장의 패턴 배경지를 사진보다 약간 크게 잘라 겹쳐준 다음 폼 양면테이프로 붙여 고정해주세요.

3 작은 팬시 스티커, 다이컷, 태그 등의 장식을 더해서 한 덩어리로 만듭니다.

4 라벨에 펜으로 저널링하여 패턴 배경지 여백에 붙이고 바탕 배경지 여백에 화살표 클립을 끼워 장식합니다.

3

- **기본 레이어 부착**

다양한 패턴 배경지를 겹쳐서 사진 레이어를 만들 때 도톰한 폼 양면테이프로 붙여주면 부피감을 더욱 부각시킬 수 있습니다.

4

Q. 레이어가 무엇인가요?

A. 사진 위아래로 다른 종이나 장식을 쌓아올려 도톰한 형태로 만들어주는 것을 레이어라고 합니다. 다양한 소재를 겹쳐 부피감이 생기면 스크랩북킹 작업에서 매우 중요한 입체감을 줄 수 있습니다. 레이어만 잘해도 독특한 스타일의 스크랩북킹을 할 수 있습니다.

Q. 레이어 작업에 어울리는 사진은?

A. 여백이 많은 사진, 인물이 강조된 사진 등 구도나 색감이 심플할수록 좋습니다. 레이어 장식은 화려하게 하고 그 밖의 장식은 단출하게 해야 레이어로 입체감을 준 사진에 시선을 집중시킬 수 있습니다.

색과 패턴의 조화로 눈에 띄게 PATTERN LAYER

사진 서너 장을 격자로 배치하고 다양한 패턴지로 레이어를 만들었습니다.
레이어로 입체감을 주고 패턴지의 패턴과 색이 은은하게 조화를 이루어 사진을 돋보이게 합니다.

·· 난이도: ★★★　·· 컬러:
·· 재료: 배경지, 다이컷, 팬시 스티커, 알파벳 스티커, 포토 프레임, 고무 장식, 태슬 장식

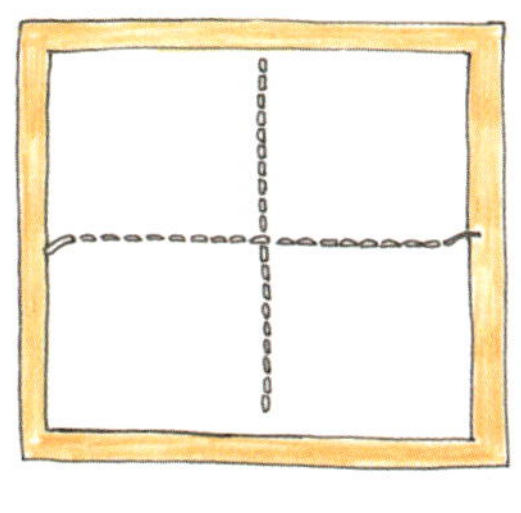

1

2

1 패턴 배경지에 흰색 바탕 배경지를 붙여주고, 열십자(十)로 스티치를 넣어 구역을 나누어주세요.

2 서로 다른 패턴 배경지를 사각으로 자르고 사진과 패턴지 조각을 겹쳐서 위치를 정해주세요.

3 팬시 스티커, 포토 프레임, 고무 장식 등으로 보기 좋게 꾸미세요.

4 알파벳 폼 스티커를 조합해서 타이틀을 만들고 태슬 장식을 더해 완성합니다.

3

패턴 레이어 부착

패턴 배경지 조각으로 레이어 작업을 할 때 종이 가장자리를 살짝 접어서 붙여주면 더욱 입체감 있게 표현할 수 있습니다.

4

· QnA ·

Q. 패턴 레이어 작업 시 주의할 점은 무엇인가요?

A. 패턴 레이어는 살짝살짝 드러나는 패턴이 포인트입니다. 그런 만큼 서로 잘 어울리는 패턴을 고르는 것이 중요합니다. 개인 취향에 따라 '잘 어울리게' 패턴과 색을 배합하세요. 아무래도 어렵다면 같은 브랜드나 컬렉션 혹은 한 명의 디자이너가 만든 패턴지를 고르세요.

Q. 스크랩북킹에 스티치를 넣고 싶은데 재봉틀이 없어요!

A. 손바느질로 듬성듬성 바늘땀을 놓으면 오히려 핸드메이드 작품이라는 게 돋보여요. 그래도 여의치 않다면 간단하게 펜으로 점선을 그려주어도 비슷한 효과를 얻을 수 있습니다.

올록볼록 유니크하게 ORNAMENT LAYER

장식용 다이컷이나 스티커를 레이어하면 독특한 입체 장식 효과가 있습니다.
사진만큼 장식의 비중을 높여 만든 스크랩북킹입니다.

- 난이도: ★★
- 컬러:
- 재료: 배경지, 팬시 스티커, 다이컷, 나무집게, 틴 소재 장식, 장식끈, 포토 프레임, 태그

1

2

3

4

1 태그, 다이컷, 팬시 스티커 등을 겹쳐서 하나의 입체적인 장식 레이어로 만들어주세요.

2 패턴 배경지 위에 흰색 배경지를 덧댄 다음에 만들어둔 입체 장식과 프레임, 패턴 배경지 조각, 틴 소재 장식 등을 배치하세요. 폼 스티커로 접착하면 입체감이 더욱 살아나요.

3 사진을 작게 잘라 나무집게로 포토 프레임에 고정해주세요.

4 흰색 배경지의 가장자리를 살짝 접어 찢은 다음 미싱으로 고정해 마무리합니다.

- **장식 레이어와 특수 소재**

보통 태그, 라벨, 스티커 등 종이 장식을 겹치는데요, 단단한 재질, 입체 장식, 광택 질감 등 특수 소재를 적극적으로 활용해보세요. 특수 소재를 섞어주면 더욱 독특한 장식 레이어를 만들 수 있습니다.

Q. 장식 레이어 효과는 무엇인가요?

A. 소재와 모양이 다양한 장식은 스크랩북킹에 포인트를 줄 때 주로 사용합니다. 작은 장식 여러 개를 모아 붙이면 입체감이 살아납니다. 장식 여러 개가 조화를 이루어 하나의 장식으로 재탄생할 수도 있습니다. 장식 레이어로 개성 넘치는 스크랩북킹 작품을 만들어보세요.

Q. 종이로 장식 효과를 주고 싶어요!

A. 종이 모서리를 살짝 접어주거나 찢어주면 종이 질감이 극대화되어 장식 효과가 있습니다.

꿈속을 걷는 듯 DREAMLIKE PHOTO | 시스루 레이어

반투명한 트레이싱지, 투명한 필름지 등 특수 소재 용지로 은은하게 속이 비치는 시스루(see-through) 효과를 연출했습니다.
사진의 몽환적이고 부드러운 분위기가 살아나는 레이아웃입니다.

- 난이도: ★★★
- 컬러:
- 재료: 배경지, 투명 필름지, 트레이싱지, 다이컷, 포토 프레임, 태그, 나무 장식, 리본 장식, 글리터 장식, 큐빅 장식

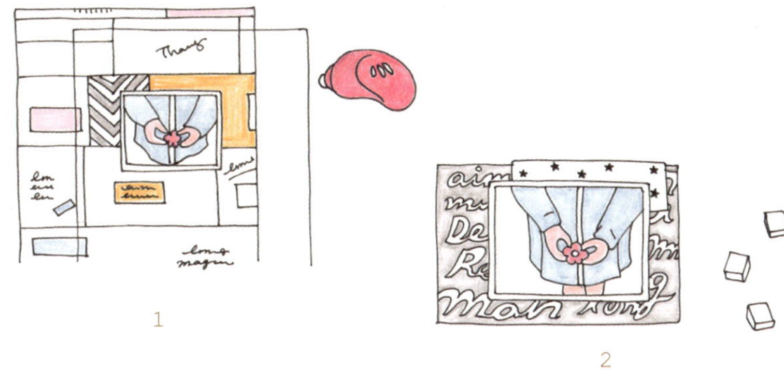

1

2

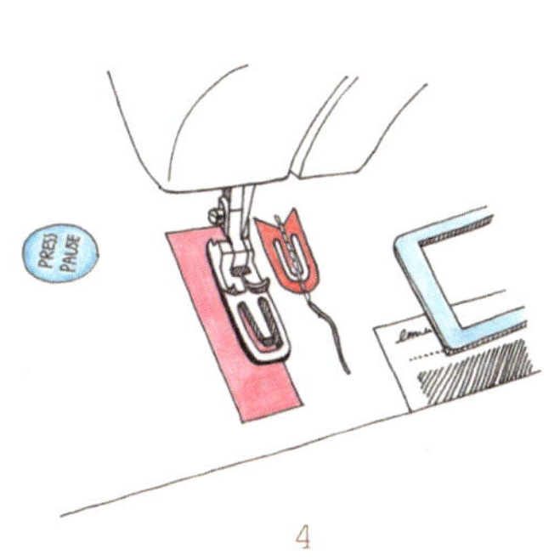

3

4

1 다양한 라벨이 인쇄된 패턴 배경지에 반투명 트레이싱지를 덧씌워서 전체적으로 부드러운 배경 톤을 만듭니다.

2 사진 뒤쪽에 흰색 글씨가 인쇄된 투명 필름지 종이와 금별이 인쇄된 트레이싱지 조각을 붙여주세요. 이때 폼 테이프로 붙여 입체감을 주세요.

3 스티커, 태그, 포토 프레임, 큐빅 장식, 글리터 장식, 리본 장식 등을 배치하고, 일부 장식은 폼 테이프로 접착해서 입체감을 주세요.

4 미싱으로 스티치를 넣어 장식 효과를 더해 줍니다.

- **트레이싱지와 필름지 부착**

반투명한 트레이싱지나 투명한 필름지는 종이 특성상 접착제 자국이 두드러질 수 있으므로 마르면 투명해지는 접착제나 소량의 양면테이프로 접착하는 게 좋습니다. 또한 트레이싱지는 인쇄된 부분에 접착제를 발라야 자국이 비치지 않습니다.

QnA

Q. 시스루 레이어 효과는 무엇인가요?

A. 강한 색감이나 패턴이 있는 배경지에 트레이싱지나 필름지를 덧대면 배경지 톤을 다운시켜 상대적으로 사진이 선명해서 돋보이는 효과가 있습니다.

Q. 시스루 레이어에 잘 어울리는 장식은 무엇인가요?

A. 배경지에 트레이싱지를 덧씌우면 전체적으로 톤이 다운되므로 뚜렷한 질감과 강한 색감의 장식이 잘 어울립니다. 반짝거리는 금속, 질감이 돋보이는 나무, 아크릴 등으로 장식해보세요.

트레이싱지의 변신 STYLISH POCKET

트레이싱지로 작은 포켓을 만들고 콘페티(confetti)로 속을 채우면 감각적인 장식 효과를 줄 수 있습니다.
스크랩북킹을 하다 남은 패턴지와 작은 장식 재료를 콘페티로 활용했습니다. 독특한 입체감을 표현하는 스크랩북킹 방법입니다.

•• 난이도: ★ ★ ★   •• 컬러:

•• 재료: 배경지, 트레이싱지, 팬시 스티커, 타이틀 스티커, 태그, 아크릴 장식, 나무 장식, 스팽글, 판박이, 핸드펀치

1

2

1 다양한 패턴 배경지 일부를 자른 다음 스팽글이나 나무 장식 등을 넣고 트레이싱지 조각으로 덧대어 미니 포켓으로 만들어주세요.

2 흰색 배경지에 사진과 미니 포켓 장식을 배치한 다음 금색 타이틀 스티커를 붙여주세요.

3 자투리 패턴 배경지는 핸드펀치로 콘페티 조각으로 만들어 트레이싱지 미니 포켓에 넣으세요.

4 태그, 팬시 스티커, 판박이, 아크릴 장식 등을 더해 완성합니다.

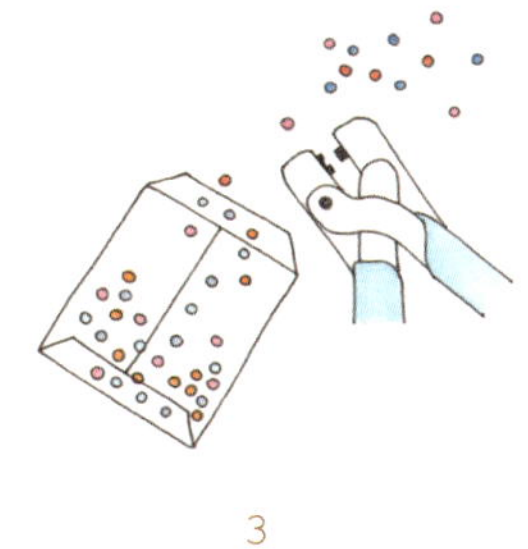

3

4

● **콘페티 재료**

콘페티를 꼭 종이로 만들 필요는 없습니다. 단추나 스팽글 혹은 우드나 금속 소재의 작은 장식도 콘페티 재료로 좋습니다. 재료가 입체적일수록 봉투 안에 담았을 때 장식 효과가 큽니다.

Q. 콘페티가 무엇인가요?

A. 콘페티는 결혼식이나 축제 등에 뿌리는 색종이 조각을 말합니다. 자투리 패턴 배경지를 펀치로 뚫으면 작은 원형 콘페티를 만들 수 있습니다. 알록달록한 콘페티를 모아두었다가 그때그때 활용해보세요.

Q. 트레이싱지 봉투 활용법을 알고 싶어요!

A. 트레이싱지로 만든 봉투는 속이 비쳐서 어떤 내용물을 넣느냐에 따라 효과가 달라집니다. 콘페티를 넣어 장식 효과를 내거나 저널링한 태그를 넣어 시크릿 포켓으로 활용할 수 있으며 공연 입장권 등 각종 티켓을 넣어 보관 용도로 사용할 수도 있습니다. 화려하고 유니크한 패턴지로 봉투를 만들면 그 자체만으로도 훌륭한 장식이 됩니다.

무엇보다 사진이 좋아야 한다

스크랩북킹과 사진

스크랩북킹은 사진을 중심으로 하는 생활 공예이며 사진으로 레이아웃을 정합니다. 그러므로 예쁘고 짜임새 있는 스크랩북킹을 만들기 위해서는 사진 촬영, 보정, 인화 과정이 모두 중요합니다.

문득 올려다본 하늘이 예뻐서 찍은 사진 한 장만으로도 훌륭한 스크랩북킹 주제가 될 수 있습니다. 또는 여러 장의 스냅 사진을 모아 주제별로 엮으면 풍성한 스토리를 담아낼 수도 있습니다. 예를 들어 놀이터 전경, 미끄럼틀 타는 아이, 알록달록한 장난감, 흙을 잔뜩 묻힌 아이의 손… 여러 장의 사진을 하나의 스크랩북킹에 담을 수 있어요. 사진 촬영 단계부터 다양한 시각으로 접근해보세요.

최근에는 초보자도 손쉽게 사진을 편집할 수 있는 프로그램이 보편화되었습니다. 핸드폰이나 디지털카메라로 찍은 사진을 그대로 인화하기보다 취향에 따라 색감 보정이나 불필요한 배경을 잘라내는 등 간단한 편집을 해보세요. 시선이 집중되는 깔끔한 구도와 개성이 드러나는 색감으로 사진을 보정하면 스크랩북킹 작품이 더욱 살아날 거예요.

사진을 인화할 때에도 일반적인 사이즈로 획일화하기보다는 다양한 사이즈로 인화해보세요. 인화한 사진을 다양한 형태로 과감하게 잘라도 됩니다. 같은 규격의 사진을 단순 나열하면 자칫 밋밋할 수 있습니다. 규격이 다른 사진을 나열했을 때 훨씬 더 역동적이고 짜임새 있는 레이아웃을 만들 수 있습니다.

같은 규격의 사진을 나란히 배치했을 때보다 불필요한 여백을 잘라내어 규격을 달리하여 배치했을 때 시선이 집중된다.

똑같은 사진도 프레임을 달리하면 분위기가 달라진다.

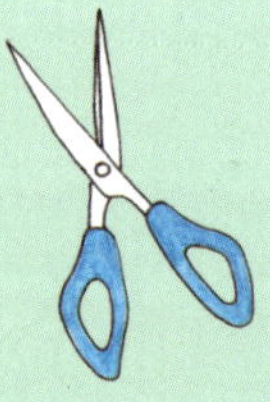

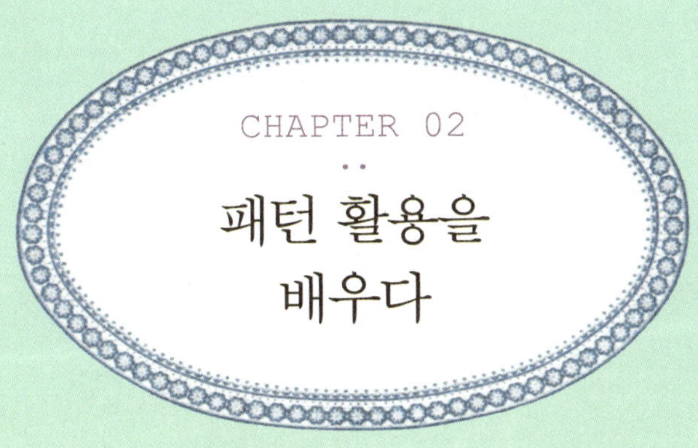

CHAPTER 02

패턴 활용을
배우다

대칭 구조로 모던하게 MONOTONE PHOTO | 와이드 보더 레이아웃

강렬한 스트라이프 패턴과 수수한 흰색 배경을 대비시켜 모던한 인상을 연출했습니다.
아기자기하고 화사한 장식으로 흑백사진에 생기를 더해주었습니다.

- 난이도: ★
- 컬러:
- 재료: 배경지, 다이컷, 팬시 스티커, 라벨, 알파벳 나무 장식, 큐빅 장식, 글리터 종이, 날짜 스탬프

1 스트라이프 패턴 배경지를 잘라 흰색 배경지 위에 붙이세요.

2 흑백사진을 정사각형으로 자르고 반짝이는 은색 글리터 종이를 붙여 테두리를 만드세요.

3 다이컷, 팬시 스티커, 알파벳 나무 장식, 라벨 등을 중앙에 세로로 배치하세요.

4 라벨에 날짜 스탬프를 찍고 큐빅 장식을 붙여주세요.

- **장식 배치**

배경지와 장식들이 가로세로로 과감하게 가로지르는 레이아웃은 완벽한 대칭 구조보다는 약간 비대칭으로 요소를 배치해 시선을 분산시켜주는 것이 좋습니다.

Q. 흑백사진을 예쁘게 꾸미고 싶어요!

A. 흑백사진은 밝은 색감이나 독특한 질감의 소재로 장식하는 것이 좋습니다. 모노톤 사진은 어떤 색감이나 소재와도 잘 어울려서 컬러사진보다 스크랩북킹 분위기 결정에 자유롭습니다.

Q. 스트라이프 패턴을 사용할 때 주의할 점은 무엇인가요?

A. 스트라이프처럼 강한 패턴을 사용할 때에는 패턴지 사용 면적을 줄이고 여백을 넓히는 게 좋습니다. 여백이 있으면 복잡한 인상은 피하고 산뜻한 느낌만 살릴 수 있습니다.

조각조각 알록달록 PATCHWORK LAYOUT | 패치워크 레이아웃

아이의 발랄함을 담은 노란색을 메인 컬러로 사용했습니다. 마치 여러 장의 천 조각을 이어붙이는 퀼트를 하듯
다양한 패턴과 알록달록한 패턴지를 오려 붙여 패치워크로 연출했습니다.

•• 난이도: ★★★　　•• 컬러:　　　　•• 재료: 배경지, 알파벳 스티커, 팬시 스티커, 나무 장식, 판박이, 큐빅 장식, 코르크 장식

1

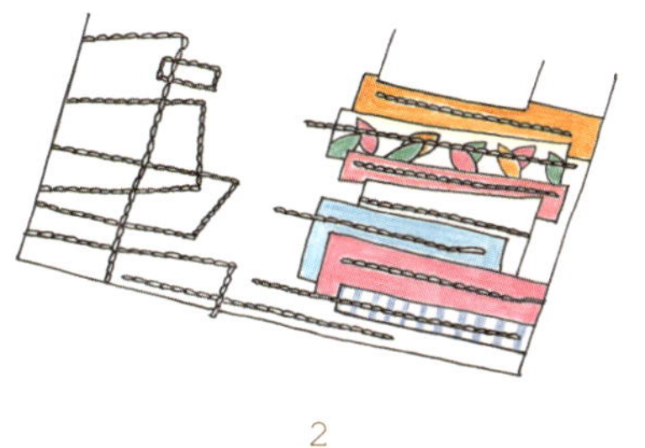

2

1 흰색 배경지에 다양한 패턴 배경지 조각과 사진을 적절하게 배치해주세요.

2 패턴 배경지에 스티치를 넣어 패치워크 느낌을 극대화하고, 왼쪽 여백에 흰색 스티치를 놓아 오른쪽과 균형을 맞추어주세요.

3 흰색 스티치를 놓아준 왼쪽 여백에 발랄한 색상의 판박이를 붙여 장식해주세요.

4 팬시 스티커, 나무 장식, 코르크 장식, 큐빅 장식 등을 붙여서 완성합니다.

3

4

● **패치워크 장식**

패치워크만으로도 장식 효과가 충분하여, 과도한 색상이나 부피감이 큰 장식을 더하면 자칫 산만해집니다. 종이와 잘 어울리는 은은한 장식을 골라 은근하게 포인트가 되게끔 심플하게 장식하는 것이 좋습니다.

Q. 패치워크할 때 주의할 점은 무엇인가요?

A. 패턴과 색상이 완전히 다른 종이를 잘라 붙이면 자칫 복잡한 인상을 줄 수 있습니다. 강렬한 대조보다는 은은하게 어울리도록 심플한 패턴이나 비슷한 톤의 색상을 고르세요.

Q. 패치워크에 어울리는 사진은 무엇인가요?

A. 인물이나 사물이 심플한 구도로 부각되고 한두 가지 색상이 돋보이는 사진을 고르는 것이 좋습니다.

조각조각 올록볼록 PATCHWORK LEVEL UP | 장식 패치워크 레이아웃

댄디 룩을 입은 소년의 사진과 잘 어울리도록 파란색 보이시 패턴과 장난감을 연상시키는 장식 모티프로 꾸몄습니다.
입체적인 장식으로 한층 경쾌하게 연출했습니다.

- 난이도: ★★★   컬러: ▨▨▨▨▨
- 재료: 배경지, 알파벳 스티커, 팬시 스티커, 아크릴 장식, 나무 장식, 금속 장식, 에나멜 장식, 틴 소재 장식, 클립 장식, 라벨

1

2

3

4

1 패턴과 색감이 강렬한 패턴 배경지를 조각 조각 잘라주세요.

2 흰색 배경지에 패턴 배경지를 붙여주고 남은 공간에 조각낸 패턴 배경지를 배치해주세요. 이때 다른 장식이 놓일 것을 고려해 위치를 정해야 해요.

3 패턴 배경지 조각 사이를 라벨, 팬시 스티커 등으로 채우세요.

4 틴 소재 장식, 나무 장식, 금속 장식, 에나멜 장식, 라벨 등 질감이 다른 장식을 추가하여 마무리하세요.

● **패치워크 레이아웃의 타이틀과 저널링**

타이틀과 저널링을 전면에 내세우기보다는 작은 알파벳 스티커, 말풍선 스티커, 라벨 등으로 패치워크와 자연스럽게 섞이도록 연출하는 것이 좋습니다.

Q. 강렬한 색감과 복잡한 패턴으로 패치워크하고 싶어요!

A. 패턴과 색감이 강렬한 종이로 패치워크를 할 때에는 사용 면적을 최소화하는 것이 좋습니다. 작은 조각으로 자르고, 조각 사이사이 여백을 확보해주는 것이 포인트입니다.

Q. 사진에 잘 어울리는 장식을 고르고 싶어요!

A. 자동차 장식, 금속 질감 클립, 틴 소재 장식, boy가 적힌 라벨 등을 활용하여 소년이 찍힌 사진을 강조해주었습니다. 만약 소녀가 찍힌 사진이라면 리본, 레이스, 인형이나 꽃 모티프 장식 등으로 꾸며보세요. 주제에 어울리는지를 고려해서 장식을 고르는 게 포인트입니다.

패턴을 재구성하다 GRID LAYOUT LEVEL UP　　| 변형 그리드 레이아웃

다양한 패턴과 장식을 격자로 나열했습니다.
정사각형이 연속되지만 질감과 패턴을 다르게 매치하여 경쾌한 분위기로 연출했습니다.

·· 난이도: ★★　··· 컬러:
··· 재료: 배경지, 트레이싱지, 다이컷, 팬시 스티커, 글리터 프레임, 태그, 틴 소재 장식, 큐빅 장식, 장식끈, 스팽글

1

1 다양한 정사각형 패턴이 있는 종이를 패턴 모양대로 잘라주세요.

2 흰색 배경지에 사진 위치를 정하고 빈 공간에 잘라낸 패턴 배경지 조각을 듬성듬성 붙여주세요.

3 팬시 스티커, 글리터 프레임, 스팽글, 틴 소재 장식 등으로 패턴 배경지 조각 사이 공간을 꾸미세요. 스티치 장식까지 더해주세요.

4 태그에 저널링한 다음 끈을 묶어 적절한 위치에 배치하여 마무리합니다.

2

3

4

그리드 레이아웃과 여백

정사각형 종이로 전체를 채우지 말고 여백을 둔 다음에 형태가 다른 장식으로 그곳을 채워보세요. 전체적인 그리드 레이아웃은 해치지 않으면서 독특한 디테일이 있는 스크랩북킹이 됩니다.

QnA

Q. 화려한 패턴이 가득한 배경지를 활용할 수 없을까요?

A. 패턴을 조각조각 분해해서 다른 종이 위에 재구성해보세요. 단순히 오려 붙이는 작업만으로도 유니크한 패턴을 만들 수 있습니다.

Q. 작은 정사각형 패턴이 반복되는데도 사진이 돋보이네요?!

A. 정사각형이 나열된 페이지에 사진까지 정사각형 프레임으로 넣으면 자칫 사진이 묻힐 수 있습니다. 사진은 패턴과는 다른 프레임으로 넣으세요. 사이즈도 패턴보다 크게 만들어주어야 합니다. 또한 인물이나 사물이 강조되고 깨끗한 여백이 확보된 사진이어야 복잡한 패턴 사이에서 돋보입니다.

패턴 카드로 꾸미다 CARD DECORATE

사진과 동일한 크기의 패턴 카드를 배치한 스크랩북킹입니다.
사진, 패턴지, 장식을 모두 모노톤으로 맞추어 모던한 인상을 주게 연출했습니다.

- 난이도: ★
- 컬러:
- 재료: 배경지, 패턴 카드, 투명 필름 태그, 나무집게, 라벨, 팬시 스티커, 금속 장식, 스팽글

DETAIL

1

2

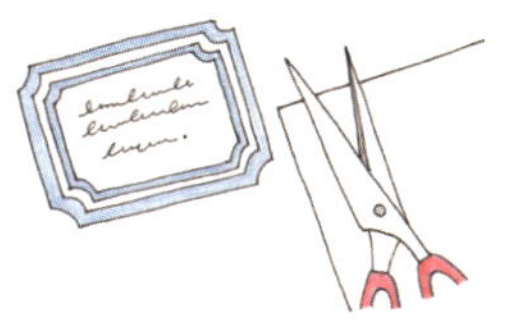

3

4

1 3*4인치 패턴 카드, 보더 디자인의 배경지를 모양대로 잘라주세요.

2 자른 카드와 종이를 바탕 배경지에 적절하게 배치하세요. 이때 패턴 카드와 같은 크기로 사진을 잘라주세요.

3 저널링을 인쇄한 라벨에 트레이싱지를 덧대어 오려냅니다

4 라벨, 투명 필름 태그, 나무집게, 금속 장식, 스팽글, 팬시 스티커 등 다양한 장식으로 꾸며 완성합니다.

● **패턴 카드와 어울리는 사진**

여러 장의 카드를 배치하여 배경지 전면을 채우는 레이아웃에서는 자칫 사진이 묻혀 보일 수 있습니다. 여백이 있는 사진이나 블랙과 같은 강한 컬러의 피사체가 있는 사진을 사용하는 것이 좋습니다.

Q. 패턴 카드가 무엇인가요?

A. 패턴 카드(pattern card)는 보통 3×4인치나 4×6인치로 규격화되어 있습니다. 저널링 용도의 저널 카드(Journal card)와 포켓 앨범에 끼우는 필러카드(Filler card)로 구분됩니다. 패턴 카드 자체를 장식으로 사용하거나 패치워크로 활용해보세요.

Q. 규격화된 카드를 줄 맞추어 배치하면 단조롭지 않을까요?

A. 카드의 패턴을 고려해서 적절한 위치를 정해야 합니다. 느낌이 비슷한 카드가 나란히 놓이지 않도록 주의하며 일러스트, 텍스트, 패턴, 색상 등이 섞여 조화를 이루도록 배치해보세요.

세모로 꾸미다 TRIANGLE DECORATE

삼각형 패턴 배경지에서 삼각형 패턴만 오려내 개성 있게 재구성했습니다. 리듬감 있게 재배치된 세모가
여백과 적절히 어우러져 경쾌한 인상을 줍니다.

•• 난이도: ★★   •• 컬러:
•• 재료: 배경지, 다이컷, 팬시 스티커, 태그, 아크릴 장식, 큐빅 장식, 에나멜 장식, 판박이

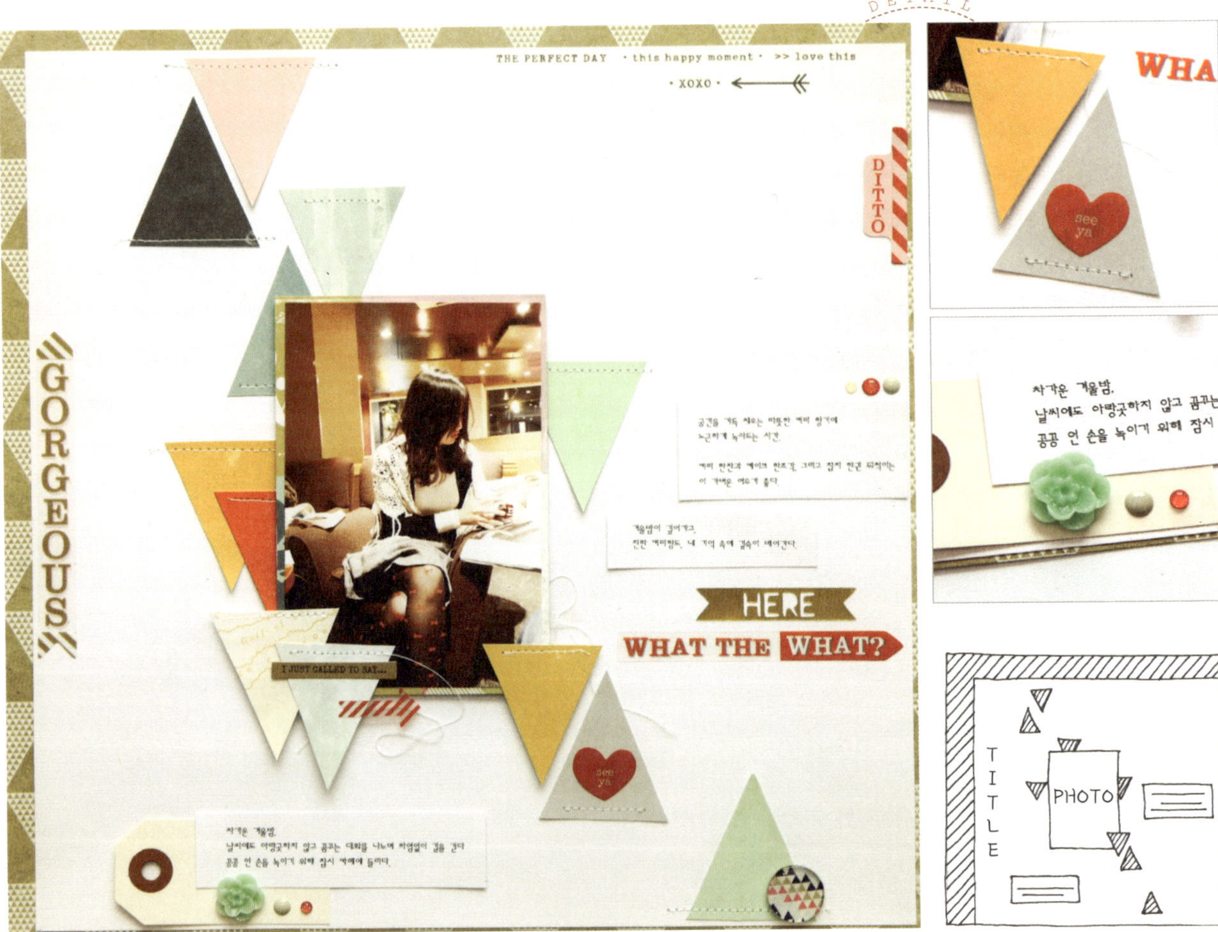

1. 삼각형 패턴이 있는 종이를 패턴 모양대로 잘라 흰색 배경지에 리듬감 있게 배치해주세요.

2. 사진 뒤로 패턴 배경지가 살짝 보이도록 덧대고, 다이컷, 팬시 스티커 장식들로 꾸며주세요.

3. 삼각형 패턴 일부에 스티치를 넣어주세요.

4. 흰색 종이에 저널링을 인쇄하여 알맞은 크기로 잘라 붙여주세요.

5. 태그, 아크릴 장식, 큐빅 장식, 에나멜 장식, 판박이 등을 붙여 완성합니다.

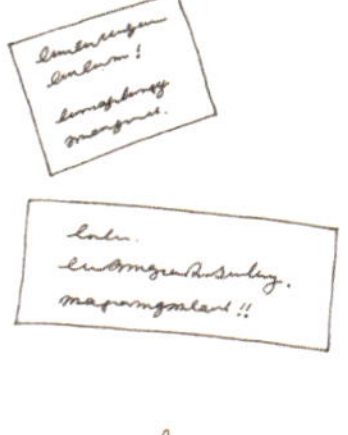

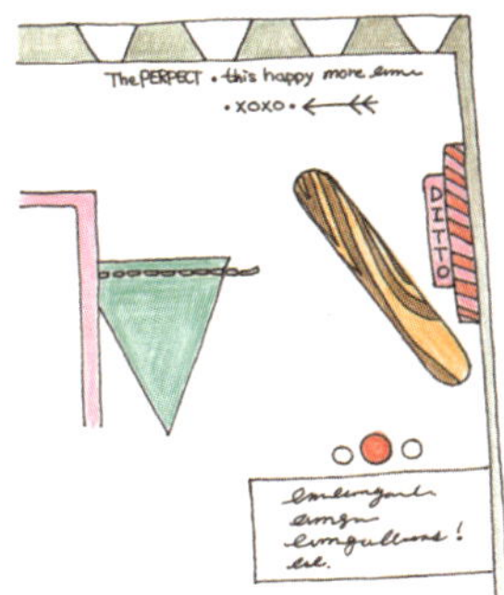

- **종이와 패턴 조각 고정**

패턴 조각을 흰색 바탕 배경지 위에 그냥 붙여도 괜찮지만 테두리가 들뜨는 것이 거슬린다면 패턴 조각 위에 스티치를 해주거나 스테이플러로 살짝 찍어주세요. 고정이 될 뿐 아니라 장식 효과도 있습니다.

Q. 어떤 배경지로 패턴 재배치하면 좋을까요?

A. 색감이 너무 강하거나 자잘한 패턴이 반복되어 사용하기 부담스러운 배경지가 있습니다. 이때 배경지를 작은 크기로 잘라 부드러운 색감의 배경지에 재배치하면 완전히 다른 분위기로 연출할 수 있습니다. 단, 여백을 확보하여 패턴 조각을 재배치해야 패턴이 주는 인상이 돋보입니다.

Q. 화려한 패턴으로 꾸민 스크랩북킹에 어울리는 저널링은 무엇인가요?

A. 이미 화려한 페이지에 타이틀과 저널링까지 강렬하면 산만한 인상을 줄 수 있습니다. 흰색 종이에 저널링을 프린트하는 것이 좋습니다. 저널링을 오려 살짝 붙여주면 입체감이 생겨 은은하게 포인트를 줄 수 있습니다.

꽃 패턴으로 꾸미다 FLOWER DECORATE

큼직하고 화사한 플로랄 패턴 배경지에서 꽃 패턴을 오려 꾸몄습니다. 여백에는 금색 잉크를 흩뿌려주었습니다.
불규칙적인 스티치 장식과 볼륨감 있는 젬스톤 장식으로 화려한 디테일을 더해주었습니다.

·· 난이도: ★★★　　·· 컬러:

·· 재료: 배경지, 트레이싱지, 팬시 스티커, 큐빅 장식, 라벨, 태그, 금색 잉크

1 화려한 꽃문양 패턴 배경지에서 꽃문양만 가위로 잘라 오려내세요.

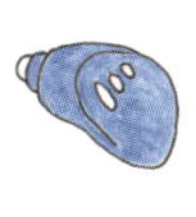

2 흰색 배경지에 세 가지 패턴 배경지를 잘라 붙여주세요.

3 사진 위치를 정한 후 오려낸 꽃문양을 보기 좋게 배치해 붙이고 미싱으로 스티치를 넣어주세요.

4 큐빅 장식, 태그, 라벨 등을 더해주고, 금색 잉크를 흩뿌려 마무리합니다.

● **여백 꾸미기**

화려한 꽃 패턴에 비해 여백이 너무 허전해 보이나요? 간단한 방법으로 고급스러운 장식 효과를 줄 수 있습니다. 얇은 붓으로 잉크를 몇 방울 흩뿌려보세요.

Q. 꽃 패턴 위에 왜 스티치를 넣었나요?

A. 꽃 패턴 자체는 색상이 화려하지만 종이 소재이다 보니 질감이 조금 밋밋할 수 있습니다. 이때 스티치를 넣어주면 종이꽃 패턴에 질감을 더해줄 수 있습니다.

Q. 꽃 패턴을 예쁘게 배치하고 싶어요!

A. 큼직하고 화려한 꽃 패턴을 여러 개 배열할 때에는 줄기나 잎 패턴을 함께 사용하는 것이 좋습니다. 꽃송이 사이에 줄기나 잎을 자연스럽게 배치하면 어느 정도 여백이 확보되어 레이아웃이 안정적입니다. 사이사이에 젬스톤, 버튼 등 입체적인 장식을 섞어주면 훨씬 표현이 다채로워집니다.

팬시 스티커로 꾸미다 STICKER DECORATE | 스티커 레이아웃

양 모자를 쓴 아기 사진에 어울리도록 아기자기하고 귀여운 스티커로 꾸몄습니다.
전체적으로 동화적인 장식을 붙여 스크랩북킹했습니다.

· 난이도: ★★　· 컬러:
· 재료: 배경지, 팬시 스티커, 틴 소재 장식, 에나멜 장식, 단추

"

1 흰색 배경지의 가장자리를 1~2cm 정도 잘라낸 후 패턴이 있는 배경지 위에 덧붙여줍니다.

2 사진의 위치를 정한 후, 사진을 중심으로 다양한 종류의 팬시 스티커를 적당한 위치에 배치해줍니다.

3 틴 소재 장식, 에나멜 장식, 단추를 붙여 입체감을 표현해줍니다.

- **스티커 부착 전 할 일**

스티커를 떼지 않은 채 시트까지 대략적인 형태로 오려낸 다음 배경지 위 적당한 위치에 놓아보세요. 스티커를 부착하면 추후 수정이 어려우므로 부착 전 완성 모습을 가늠해보는 것이 좋습니다.

Q. 스크랩북킹에 활용할 수 있는 스티커는 무엇인가요?

A. 종이 스티커, 패브릭 스티커, 비닐 스티커, 폼 스티커, 에폭시 스티커를 스크랩북킹에 활용할 수 있습니다. 포일이나 우드 스티커 등 특수 소재 스티커도 사용할 수 있습니다. 여러 겹으로 이루어진 스티커나 두툼한 소재의 스티커는 평면적인 스크랩북킹 작업에 재미있는 표현을 할 수 있습니다.

Q. 다양한 스티커를 균형 있게 배치하고 싶어요!

A. 크기나 소재가 다른 스티커를 섞어서 배치하세요. 스티커가 알록달록하고 장식이 화려하다면 흰색처럼 담백한 배경지를 바탕으로 하거나 여백을 확보해주세요.

모서리에 입체감을 입히는 CORNER FOLDING | 폴딩 레이아웃

사진에 찍힌 액자와 연결시켜 '프레임 모티프'를 콘셉트로, 블랙 액자를 배열한 듯 스크랩북킹했습니다.
배경지 모서리를 살짝 접어서 자연스러운 입체감을 연출했습니다.

- 난이도: ★★   • 컬러:
- 재료: 배경지, 패턴 카드, 포토 프레임, 다이컷, 라벨, 큐빅 장식, 아크릴 장식, 스탬프

1

2

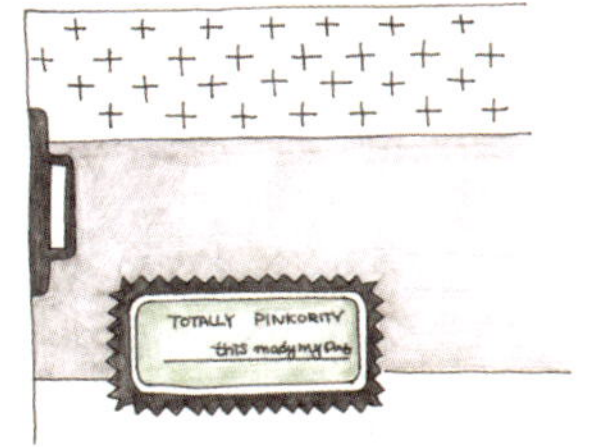

3

5

4

1 블랙 앤 화이트 콘셉트에 맞는 모노톤 패턴 배경지를 여러 장 골라 덧대어주세요.

2 사진의 위치를 정한 다음 남은 공간에 블랙 카드와 라벨 등을 배치하세요.

3 하단 모서리에 패턴 배경지 조각, 다이컷, 아크릴 장식을 붙여주세요.

4 상단 모서리는 둥글게 접어서 글루건으로 고정해주세요.

5 빈 라벨에 스탬프를 찍어주고, 흰 종이에 인쇄한 저널을 붙여주면 완성입니다.

배경이 지저분한 사진

모든 사진이 깔끔한 배경에서 예쁘게 찍히기란 힘들죠? 지저분한 요소가 사진에 찍혀서 눈에 거슬린다면 스크랩북킹 작업으로 교묘하게 가릴 수 있습니다. 책에 실린 작품 사진에는 의자 밑에 특정 상표가 찍힌 쇼핑백이 있어서 저널링으로 가려주었답니다.

QnA

Q. 코너를 접으면 어떤 효과가 있나요?

A. 배경지 코너를 둥글게 접어 고정하면 평면적인 스크랩북킹에 입체감을 더해줄 수 있습니다. 코너 장식은 양면 인쇄 배경지를 사용하는 것이 효율적입니다. 접었을 때 뒷면 패턴이 드러나 장식적인 효과가 있기 때문입니다.

Q. 잘된 스크랩북킹은 뭐예요?

A. 예쁘게 꾸민다고 해서 스크랩북킹이 잘된 것은 아닙니다. 사진의 주제와 분위기를 잘 살려 사진을 돋보이게 하는 것이 바로 스크랩북킹의 목적입니다. 사진 속 분위기나 특징을 잡아 전체적인 작업 방향을 잡으세요.

반짝반짝 해돋이처럼 SUNRISE DECORATE

귀엽고 발랄한 패턴지를 방사형으로 재구성했습니다. 환하게 웃는 사진 속 인물의 밝은 기운이 활짝 퍼져나가듯 연출했습니다.
방사형으로 붙인 종이를 살짝 접어 입체감을 더했습니다

·· 난이도: ★★   ·· 컬러:
·· 재료: 배경지, 다이컷, 알파벳 스티커, 타이틀 스티커, 팬시 스티커, 태그, 라벨, 에나멜 장식, 큐빅 장식

1

2

1 색감과 패턴이 화려한 배경지를 방사형이 되도록 잘라 흰색 배경지에 붙여주세요.

2 중앙에 스티치를 넣어 패턴 배경지를 고정하고, 가장자리를 살짝 접어서 입체감을 줍니다.

3 팬시 스티커, 다이컷, 태그, 에나멜 장식 등을 붙여 사진을 꾸며주세요.

4 컬러와 형태가 다른 알파벳 스티커와 타이틀 스티커를 조합하여 타이틀을 만들면 완성입니다.

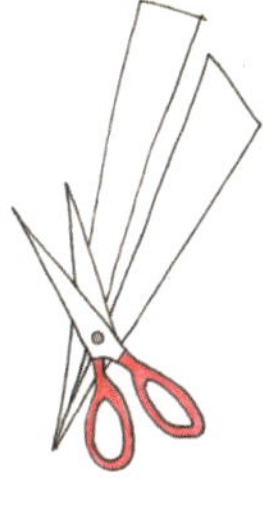

3

4

불규칙 패턴 재배치

삼각형이나 원형 등 단순 도형은 모양대로 잘라 재배치하기 쉽습니다. 그런데 영문 텍스트같이 복잡한 패턴은 어떻게 해야 할까요? 창의적으로 형태를 만들어 재배치하는 것이 좋습니다. 방사형뿐만 아니라 스트라이프 형태, 원형, 삼각형 등으로 만들어 재배치해도 재미있게 표현할 수 있습니다.

QnA

Q. 종이를 접고 중앙에 스티치 라인을 넣어주면 어떤 효과가 있나요?

A. 방사형으로 종이를 구성할 때 가장자리를 살짝 접어주면 입체감이 생깁니다. 그런데 중앙 접착이 제대로 되지 않으면 완성도가 떨어져 보입니다. 이때 스티치로 중앙을 고정해주면 접었을 때 훨씬 각이 살아납니다. 스티치 라인이 주는 장식 효과도 있습니다.

Q. 화려한 패턴 효과와 어울리는 사진은 무엇인가요?

A. 색감이나 디테일이 풍부한 패턴지를 접어 입체적인 효과까지 주어야 하는데 사진까지 복잡하면 다소 난해한 인상을 줄 수 있습니다. 과감한 패턴을 돋보이게 하려면 사진 여백이 많아 시원한 사진이나 주인공이 클로즈업된 사진이 좋습니다.

창의력을 펼칠 재료는 풍부하다

스크랩북킹과 재료

스크랩북킹은 생각보다 쉽고 간단합니다. 바탕 배경지에 사진을 붙이고 팬시 스티커 몇 개로 장식하고 펜으로 메모만 더해주면 완성할 수 있어요. 과정은 간단한데 완성된 스크랩북킹은 참으로 다채롭습니다. 어디에서 차이가 오는 걸까요? 바로 재료의 힘입니다.

스크랩북킹 전용 재료가 따로 있습니다. 물론 일반 문구점에서 색지와 팬시 스티커를 구해서 만들어도 괜찮습니다. 하지만 문구점의 색지는 색상이나 패턴이 한정적이라 다양한 분위기의 사진을 아우르지 못합니다. 또한 스크랩북킹을 하는 이유 중 하나인 '사진 보존'을 충족하기에 다소 미흡합니다.

스크랩북킹용 배경지는 평균 150g 안팎의 도톰한 중량으로 사진과 부속물들을 안정적으로 받쳐줄 수 있으며, 사진 변질을 막아주는 기능적인 역할까지 합니다. 무엇보다 디자인과 색감이 다양해서 어떤 사진이나 주제와도 잘 어울립니다.

문구점의 팬시 스티커나 문자 스티커도 아쉬운 점이 있습니다. 바로 표준적으로 인화하

는 사진 사이즈에 어울리지 않는다는 것입니다. 반면 스크랩북킹 전용 팬시 스티커나 문자 스티커는 장식적인 용도로 최적화된 사이즈인 동시에 디자인이 다양해서 스크랩북킹을 효율적으로 꾸밀 수 있습니다.

스티커 또한 사진에 직접 덧붙이는 재료인 만큼 사진 변질을 막아주는 기능이 있습니다. 스크랩북킹의 주요 주제인 일상, 여행, 베이비, 웨딩, 파티 등에 걸맞은 디자인으로 구성되어 문구점의 팬시 스티커로는 구현할 수 없는 개성적인 스크랩북킹 작업이 가능합니다.

종이 재질이 아닌 장식류는 앨범 속지 안에 삽입할 수만 있다면 뭐든 스크랩북킹 재료로 쓸 수 있습니다. 그렇지만 처음에는 스크랩북킹 전용으로 나온 장식을 사용해보고 익숙해지면 리폼이나 창작을 해서 장식을 만들어보세요.

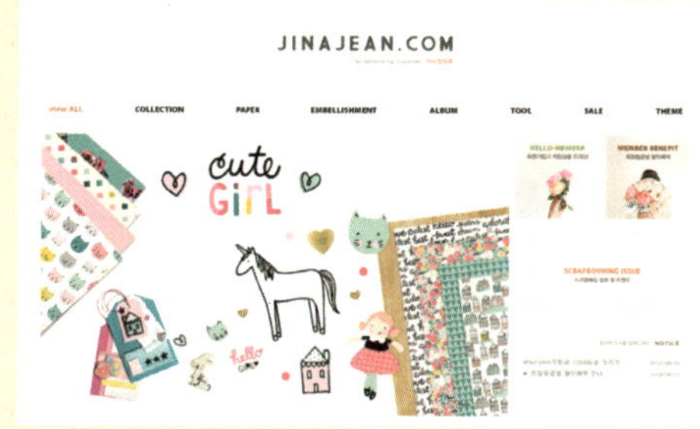

스크랩북킹 전문 쇼핑몰 지나진닷컴 www.jinajean.com
본격적인 스크랩북킹 작업을 시작하기 전에 사진에 어울리는 스크랩북킹 채료부터 살펴보면 어떨까요?

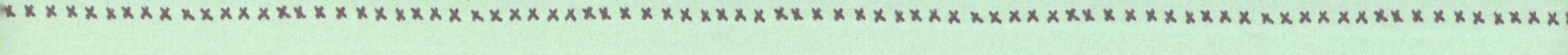
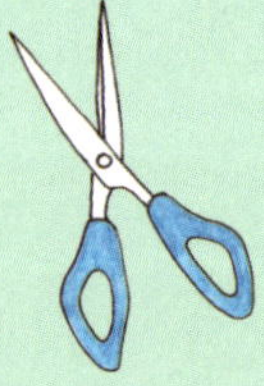

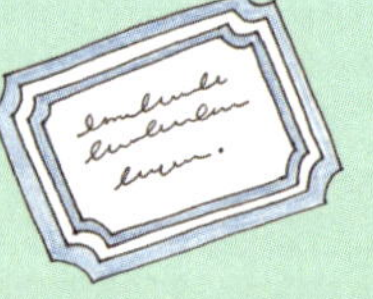

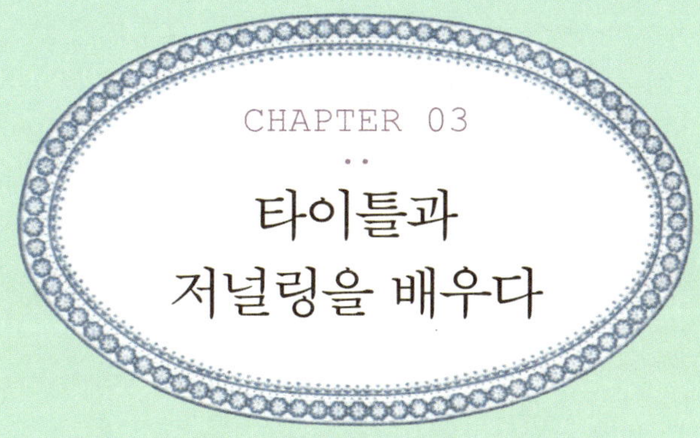
CHAPTER 03
..
타이틀과
저널링을 배우다

잿빛 하늘에 수놓인 SKY LINE

여러 빌딩이 만든 스카이라인이 돋보이는 실사 배경지의 분위기가 그 자체로도 좋았습니다.
여백과 과감한 타이틀의 조합으로 모던하고 세련된 분위기를 더욱 살렸습니다.

•• 난이도: ★   •• 컬러: ▨▨▨▨▨
•• 재료: 배경지, 알파벳 스티커, 타이틀 스티커, 팬시 스티커, 금속 장식

1

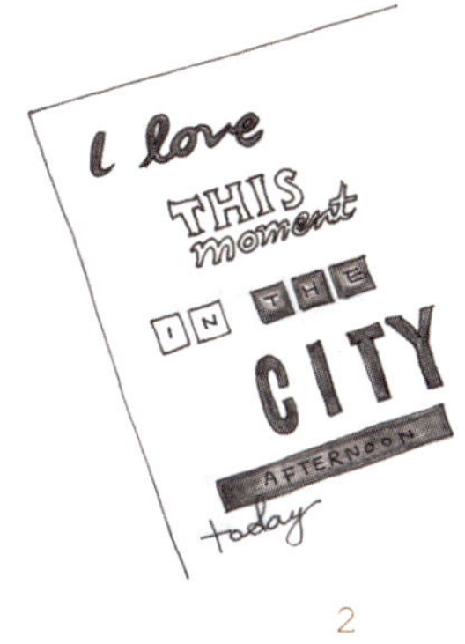

2

1. 빌딩숲이 프린트된 실사 배경지에 여백이 강조되게 한쪽으로 몰아 사진을 배치해주세요.

2. 서체와 크기가 다른 알파벳 스티커로 사진 옆에 타이틀을 붙여주세요. 종이 스티커, 폼 스티커, 아크릴 스티커 등으로 타이틀 질감을 다르게 하면 더욱 개성 있습니다.

3. 사진 여백에 팬시 스티커를 붙여 장식합니다.

- **타이틀 중심 레이아웃의 타이포 스타일**

타이틀이 많은 공간을 차지하거나 타이틀 문장이 길 때에는 문자 색감을 통일해주면 깔끔하게 정돈된 인상을 줄 수 있습니다. 특히 긴 타이틀을 하나의 색감으로 배치하면 여백을 살리면서도 세련된 연출이 가능합니다. 다만 톤을 통일했다면 서체나 사이즈는 다양하게 해주어야 지루한 인상을 주지 않습니다.

3

Q. 실사 배경지를 사용할 때 주의할 점을 무엇인가요?

A. 실사 배경지는 그 자체로도 디자인이 완벽합니다. 잘 어울리는 사진 한두 장과 심플한 장식 몇 가지만 사용하여 실사 이미지를 최대한 살려주세요. 이때 여백을 확보해야 구성이 복잡해지지 않습니다.

Q. 타이틀을 전면에 내세우면 어떤 효과가 있나요?

A. 보통 타이틀은 사진 설명이나 스크랩북킹 분위기 전달 등 부수적인 요소로 사용하지만, 타이틀을 메인으로 내세우면 장식 효과까지 줄 수 있습니다. 타이틀 자체가 스크랩북킹의 중심이 될 때에는 타이틀의 내용이나 배치, 타이틀에 쓸 재료의 색감이나 질감을 신중히 선택해야 합니다.

단어마다 개성 있게 MULTI SHAPE TITLE | 멀티쉐입 타이틀

타이틀을 중앙에 배치하여 사진보다 비중 있게 연출했습니다.
단어마다 크기와 서체를 다르게 하여 "The story always begins at home"이라는 문장을 담았습니다.

- 난이도: ★★
- 컬러:
- 재료: 배경지, 트레이싱지, 포토 프레임, 알파벳 스티커, 타이틀 스티커, 라벨, 아크릴 장식, 큐빅 장식, 에나멜 장식

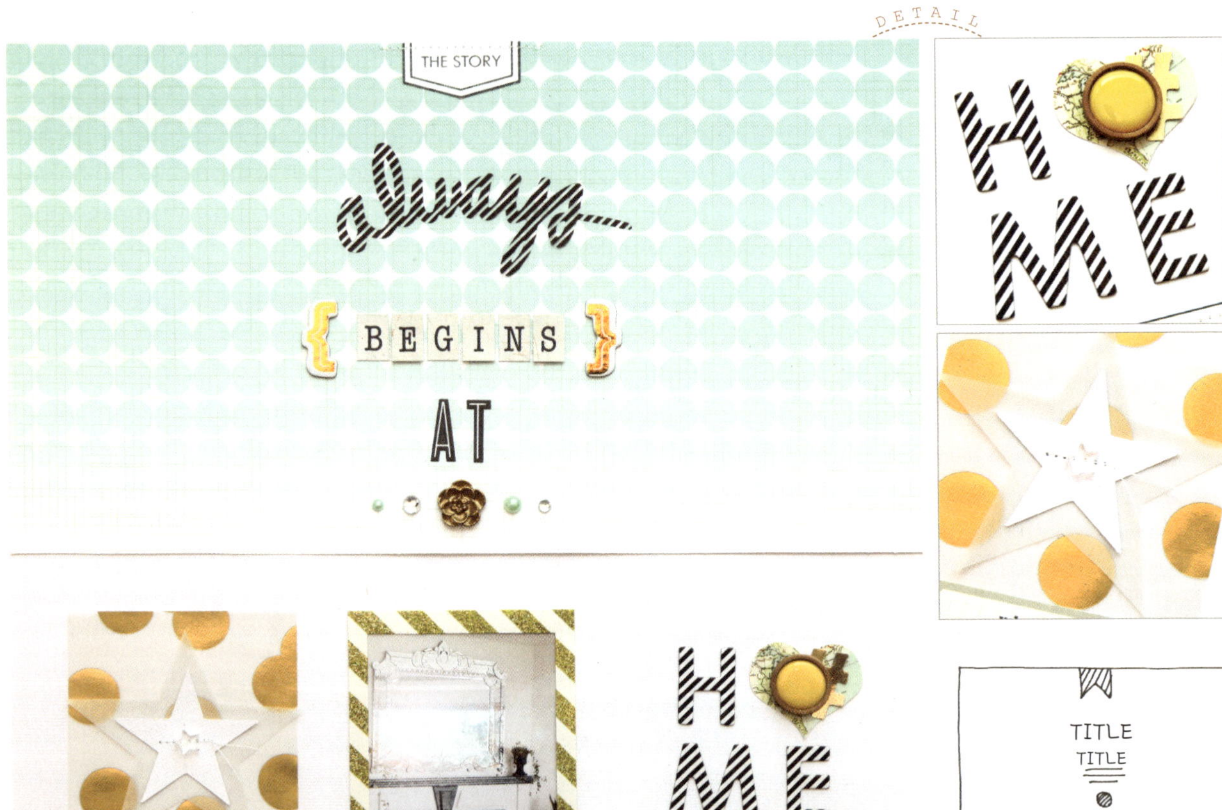

1

2

3

4

1 흰색 배경지에 패턴 배경지를 큼직하게 잘라 붙이고, 알파벳 스티커를 조합해 타이틀을 배치하세요. 이때 투명한 자에 알파벳 스티커를 살짝 붙여서 글자 위치를 확인하면 편리합니다.

2 배경지 아래쪽에 글리터 포토 프레임을 씌운 사진과 트레이싱지 조각을 배치하세요.

3 'HOME'의 알파벳 O는 에나멜 버튼 장식과 하트 모양 종이를 겹쳐서 입체적으로 표현하세요.

4 큐빅 장식, 아크릴 장식, 라벨 등 장식을 더해 완성합니다.

타이틀과 저널링

타이틀이 강조된 레이아웃에는 심플한 저널링이 좋습니다. 타이틀과 저널링에 너무 많은 면적을 할애하면 텍스트가 강조되어 사진이 묻힐 수 있고, 여백이 확보되지 못해 답답한 인상을 줄 수 있습니다.

QnA

Q. 타이틀을 한 문장으로 만들고 싶어요!

A. 문장으로 이루어진 타이틀을 동일한 스타일로 꾸미면 단조로울 수 있습니다. 단어마다(혹은 절마다) 크기나 서체를 다르게 하여 조합해보세요. 한 문장의 타이틀을 다채로운 구성으로 꾸미면 시선을 사로잡을 수 있습니다.

Q. 문장 타이틀에 사진이 묻히지 않을까요?

A. 아무리 타이틀을 강조한 레이아웃이라고 해도 사진이 묻히면 잘된 스크랩북킹이라 할 수 없겠죠? 작은 크기의 사진을 사용해도 프레임의 질감과 색상을 눈에 띄게 하면 타이틀에 묻힐 우려가 없습니다.

글자 사이로 사진이 쏙 PAPER CUTOUT

배경지를 타이틀대로 오려낸 다음 패턴지와 사진을 덧대어 입체적으로 표현했습니다.
타이틀의 일부를 사진 프레임으로 활용하여 독특한 효과를 연출했습니다.

• 난이도: ★★★   • 컬러:
• 재료: 배경지, 팬시 스티커, 다이컷, 에나멜 장식, 틴 소재 장식, 손뜨개 장식

1 다이컷 머신으로 흰색 배경지를 오려 타이틀을 만듭니다.

2 타이틀이 뚫린 쪽 뒤편에 다양한 패턴 배경지를 매치해서 폼 테이프로 입체감 있게 붙여주세요.

3 배너 모양 종이에 다이컷 머신으로 타이틀을 뚫고 스티치를 넣어 장식하세요.

4 배너 모양 종이가 살짝 휘게끔 접착하고, 패턴 배경지는 길게 잘라 페이지 하단에 붙여주세요.

5 에나멜 장식, 틴 소재 장식, 손뜨개 장식, 다이컷, 팬시 스티커 등 질감이 다양한 장식을 덧붙여서 완성합니다.

● **컷아웃 디자인**

보통 컷아웃하여 뚫린 공간 뒤로 패턴지를 덧댑니다. 패턴지 대신 작은 크기의 사진을 덧대면 정형화된 사진 형태를 벗어나 재미있게 표현할 있습니다.

Q. 타이틀을 오려내야 하는데 다이컷 머신이 없어요!

A. 알파벳 문자는 모양이 단순하기 때문에 손으로도 충분히 정교한 컷아웃이 가능합니다. 알파벳 외곽선을 손으로 그린 다음에 안쪽을 칼로 파내세요. 다이컷 머신(모양대로 종이를 자르는 도구)을 사용했을 때보다 더 핸드크라프트 느낌이 사는 타이틀이 될 거예요.

Q. 컷아웃에 어울리는 알파벳은 무엇인가요?

A. 패턴이나 사진이 충분히 드러날 만큼 공간을 확보할 수 있는 알파벳으로는 대문자 O, D, Q가 있습니다. A나 B와 같은 문자도 안쪽 획을 합치면 컷아웃 레이아웃에 적당한 공간을 확보할 수 있습니다.

싱그럽게 물들이다 GRADATION PAGE

사진에 찍힌 꽃과 꽃병의 색과 어울리게 민트 계열로 주요색을 정해 꾸몄습니다.
타이틀에 그러데이션 효과를 주어 마치 사진 속 꽃물이 페이지에 물든 것처럼 연출했습니다.

- 난이도: ★★　　• 컬러:
- 재료: 배경지, 트레이싱지, 팬시 스티커, 라벨, 물감, 붓, 단추, 장식끈, 스팽글, 에나멜 장식

1 흰색 배경지에 잔잔한 패턴의 배경지 여러
  장을 잘라 덧붙여주세요.

2 도일리 패턴 종이에 도일리와 라벨을 더해
  사진 레이어를 만들어주세요.

3 다이컷 머신으로 흰색 종이에 타이틀을 오
  려내고 물감으로 그러데이션 효과를 표현
  해 칠해주세요.

4 흰색 별이 프린트된 트레이싱지를 배너 모
  양으로 잘라 타이틀 아래에 덧대어주고, 라
  벨이나 단추 등 장식을 배치해주세요.

5 배경지를 덧댄 경계 부분에 흰색과 노란색
  의 스팽글을 이어 붙여서 완성합니다.

- **그러데이션 타이틀과 장식**

타이틀에 그러데이션을 주었다면 장식과 디테
일은 타이틀 컬러와 비슷한 톤을 유지해 튀지
않게 해주세요. 스팽글처럼 작지만 재질감이 독
특한 소재를 사용하면 포인트를 주면서도 전체
적으로 안정된 분위기를 만들 수 있습니다.

Q. 알파벳을 이어붙이면 어떤 효과가 있나요?

A. 이미지 프로그램으로 알파벳을 한 덩어리의 문자 이미지로 만들면 장식 모티프로도 사용할 수 있습니다.

Q. 타이틀에 그러데이션 효과를 주고 싶어요!

A. 수채 물감은 부드럽게 섞이고 번짐이 뛰어나 손쉽게 그러데이션 효과를 줄 수 있습니다. 그밖에 파스텔도 그러데이션 효과를 내기 좋은 도
  구입니다.

나눈 공간마다 개성 있게 PAGE SECTION | 섹션 저널링

하나의 페이지를 몇몇 공간으로 구획하여 각각 사진과 저널링, 패턴, 입체 장식으로 채워준 레이아웃입니다.
섹션마다 요소를 구분하여 개성이 두드러지게 하였고 전체적으로는 깔끔하게 정돈된 느낌이 드는 스크랩북킹입니다.

- 난이도: ★★★   컬러:
- 재료: 배경지, 숫자스티커, 팬시 스티커, 다이컷, 클립 장식, 큐빅 장식, 틴 소재 장식, 장식끈

1 패턴 배경지와 사진을 고르고, 흰색 배경지에 섹션을 나누어 저널을 인쇄하세요.

2 흰색 배경지에 사진, 저널링, 패턴지 조각을 적절히 배치하세요.

3 칩보드 재질의 도톰한 다이컷 위에 큐빅 장식과 장식끈을 붙여 꾸며주세요.

4 다이컷, 팬시 스티커, 틴 소재 장식, 클립 장식 등을 나누어놓은 섹션대로 붙여주세요.

5 크리스마스를 연상시키는 골드포일 소재 숫자 스티커를 붙여 완성합니다.

입체감을 주는 장식

칩보드 다이컷과 도톰한 스티커는 재미있는 장식이지만 재질이 종이여서 입체감이 부족합니다. 그 위에 큐빅 장식, 진주 장식, 장식끈 매듭 등을 덧붙여 입체감을 더하세요.

Q. '크리스마스'를 콘셉트로 꾸미고 싶어요!

A. 크리스마스라고 해서 'Christmas' 문구를 넣는 건 어쩐지 식상한 것 같아요. 그보다는 상징적인 숫자 '25'와 크리스마스트리, 눈사람, 산타 클로스, 굴뚝 등 크리스마스를 연상시키는 모티프로 꾸며보세요. 다이컷, 스티커, 배경지도 크리스마스 컬러로 골라보세요.

Q. 섹션 저널링이 무엇인가요?

A. 저널링은 사진을 설명하는 부수적인 요소로 알파벳 스티커, 문자 스탬프, 라벨, 태그 등을 활용하거나 펜으로 짤막하게 적습니다. 스크랩북킹 페이지의 일정 공간을 저널링만으로 꾸미면 마치 인쇄된 텍스트 패턴으로 보여 장식 효과도 있습니다.

하고 싶은 말을 곳곳에 MESSAGE DECORATE

사진 프레임을 따라 저널링을 넣어 장식 요소로 보이도록 연출했습니다.
페이지 곳곳에 짤막한 저널링을 적거나 사진과 관련된 내용을 따라 기록해보세요.

•• 난이도: ★★★　•• 컬러:
•• 재료: 배경지, 타이틀 스티커, 팬시 스티커, 라벨, 태그, 다이컷, 포토 프레임, 아크릴 장식, 장식끈, 코너 라운드 펀치

1. 바탕 배경지에 정사각형 사진과 포토 프레임을 섞어 배치해주세요.

2. 포토 프레임 위에 다양한 다이컷과 장식을 붙여주세요.

3. 프레임과 어울리도록 사진의 모서리는 코너 라운드 펀치로 둥글게 다듬어주세요.

4. 프레임 가장자리 안팎에 짤막한 저널링을 손글씨로 적어주세요.

5. 프레임 하나는 안쪽 바탕 배경지를 파내고 패턴 배경지를 덧대어 장식하세요.

6. 바탕 배경지 맨 아래에 라인을 따라 저널링을 적고 타이틀을 붙여 완성합니다.

저널링 색상

저널링을 꼭 검은색 펜으로 할 필요는 없습니다. 사진에 어울리게, 전체적인 테마에 어울리게 펜의 색상이나 굵기를 선택하세요.

QnA

Q. 사진 프레임을 따라 저널을 적으면 어떤 효과가 있나요?

A. 한곳에 몰아 저널링하면 시선이 집중되어 내용 전달이 확실합니다. 그런데 분산시켜 저널링하면 찾아 읽는 재미가 있고, 손글씨가 주는 장식 효과도 있어 좋습니다. 때로는 은근한 메시지 전달이 필요할 때도 있습니다.

Q. 프레임이나 장식을 사진과 동일한 크기로 배치하면 어떤 효과가 있나요?

A. 비슷한 포즈의 사진이나 연속성 있는 사진은 스토리로 연관 지어 구성하기 좋습니다. 이때 사진을 나란히 배치하는 것보다 크기와 면적이 비슷한 장식을 섞어서 배치하면 리듬감 있는 레이아웃이 됩니다.

사진 위에 글을 얹다 TEXT OVERLAY

숲속을 걷는 연인의 뒷모습이 찍힌 사진인데, 사진을 크게 인화하여 페이지의 절반 이상을 채웠습니다.
사진 분위기를 해치지 않는 선에서 숲속 풍경 위에 글을 얹었습니다. 사진에 얽힌 내용으로 저널링하면 좋습니다.

- 난이도: ★
- 컬러:
- 재료: 배경지, 트레이싱지, 알파벳 스티커, 팬시 스티커

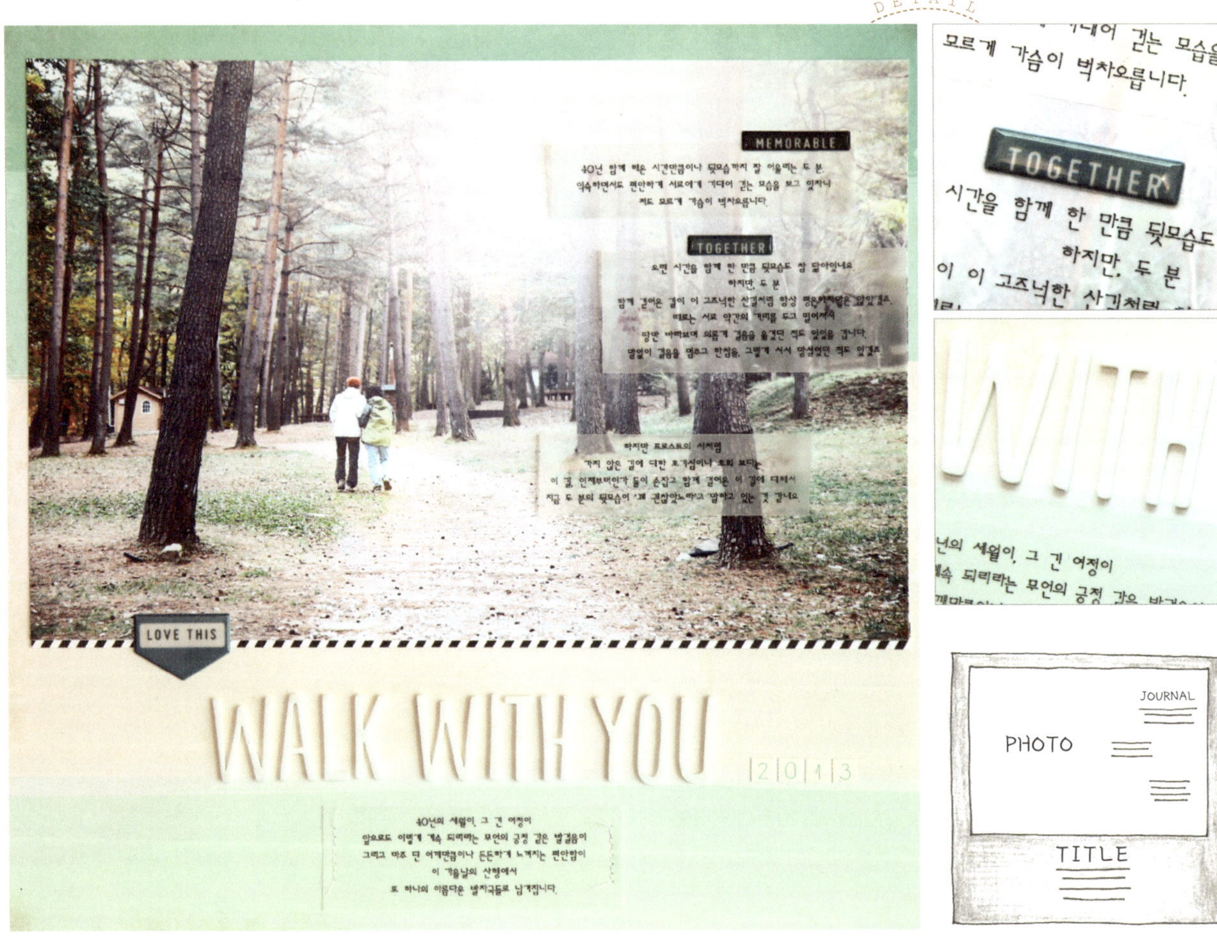

1

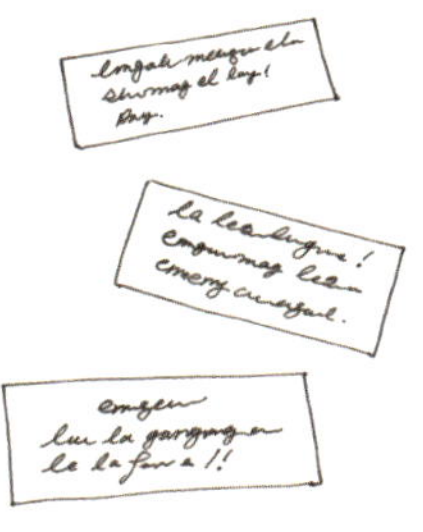

2

3

1 사진에 찍힌 숲이 돋보이도록 그린톤 배경지를 고릅니다. 사진은 A4사이즈로 인화하세요.

2 트레이싱지에 저널을 길게 인쇄하여 조각조각 잘라 사진 위에 적절하게 배치하세요.

3 화이트 알파벳 폼 스티커로 타이틀을 붙여 입체감을 주세요.

4 타이틀과 같은 화이트 톤 알파벳 스티커를 믹스해서 완성합니다.

● **트레이싱지 편집**

트레이싱지 위에 인쇄하거나 손글씨로 저널링을 적은 다음에 짤막한 구절로 나누어 잘라 사진 위에 붙여주세요. 통째로 붙였을 때보다 공간이 여유로워집니다.

4

Q. 저널링을 트레이싱지에 프린트하면 어떤 효과가 있나요?

A. 사진을 크게 인화하여 저널링을 넣을 공간이 없다면 사진 위에 저널링을 넣어주세요. 이때 트레이싱지에 저널링을 인쇄하면 사진에 영향을 덜 끼치면서도 긴 내용을 담을 수 있어서 좋습니다.

Q. 밝은색 바탕에 비슷한 톤의 타이틀을 넣으면 어떤 효과가 있나요?

A. 분위기가 좋아서 크게 인화한 사진이라면 타이틀, 저널링, 장식 등 다른 구성 요소는 튀지 않는 것이 좋습니다. 바탕색과 비슷한 색상이되 도톰한 소재로 질감 차이를 주면 부드럽게 돋보이는 타이틀을 만들 수 있습니다.

하고 싶은 말 하나 둘 셋 NUMBER DECORATE

화사한 색감과 발랄한 패턴으로 꾸몄습니다. 원형 종이에 저널링을 넣어 숫자 1, 2, 3과 함께 전면에 배치하여 생동감을 주었습니다.
의미가 있는 숫자를 타이틀로 하기 좋은 레이아웃입니다.

- 난이도: ★★★　　컬러:
- 재료: 배경지, 숫자 스티커, 팬시 스티커, 다이컷, 라벨, 리본끈, 레진 장식, 원형 펀치

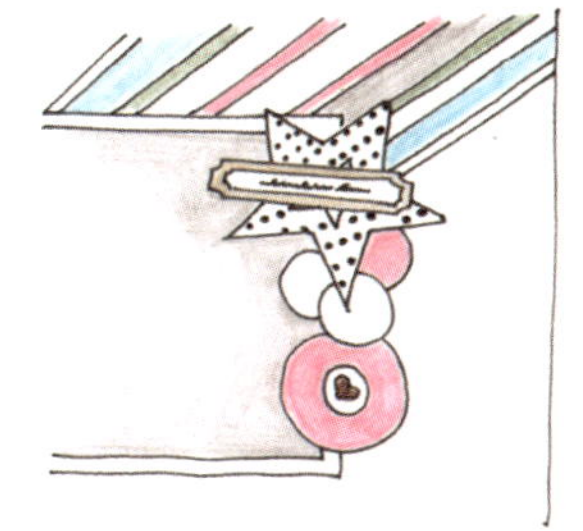

1 화려한 색감의 패턴 배경지 일부를 잘라내어 흰색 배경지에 배치하세요.

2 모양과 색상이 다양한 다이컷과 라벨로 사진을 장식하세요.

3 흰 종이에 저널링을 인쇄하여 원형 펀치로 동그랗게 잘라주세요.

4 강조하고 싶은 저널링에 숫자 스티커를 붙이고 리본 등 장식을 덧붙여 완성합니다.

● 원형으로 자르기

원형 펀치가 없으면 종이컵같이 둥근 물체를 대고 아웃라인을 그린 다음 칼로 오려내세요. 원형 외에 삼각형, 별, 하트 등 다양한 형태에 저널링을 넣어보세요. 흰색 바탕 배경지에 흰색 저널링 종이를 덧붙이면 입체감이 생겨 은근한 포인트가 됩니다.

Q. 숫자를 스크랩북킹에 활용하고 싶어요!

A. 의미 있는 숫자의 예를 들어볼게요. 돌잔치 사진에는 숫자 1, 웨딩 사진에는 결혼식 날짜, 삼남매 사진에는 숫자 3, 10주년 기념사진에는 숫자 10, 연인 사진에는 숫자 2 등 숫자에 의미를 담아 스크랩북킹에 숫자 타이틀을 응용해보세요.

Q. 저널링 공간을 원형으로 자르면 어떤 효과가 있나요?

A. 책에 실린 작품은 상단에 화려한 패턴지를 각진 형태로 잘라 배치하고 하단에 원형 모티프를 넣어 균형을 맞추었습니다. 원형은 둥글둥글한 숫자 타이틀과도 잘 어울립니다.

신부가 주인공인 날 WEDDING PHOTO

타이틀을 넣어 편집한 사진을 인화했습니다. 사진에 타이틀을 인쇄하면 그래픽적인 표현을 할 수 있습니다.
웨딩드레스를 연상시키는 프릴 장식과 비즈 장식을 더해 웨딩 콘셉트를 더욱 살렸습니다.

·· 난이도: ★★★   ·· 컬러:
·· 재료: 배경지, 다이컷, 팬시 스티커, 라벨, 흰색 주름지, 스팽글, 큐빅 장식

"

1

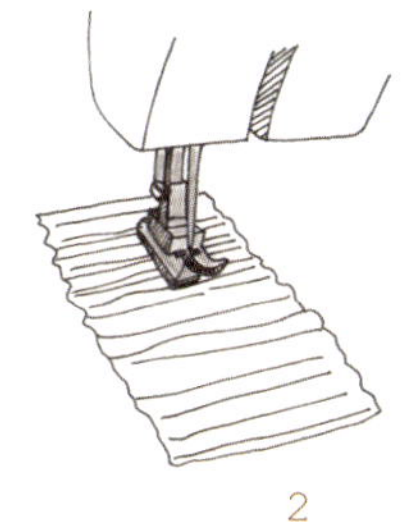

2

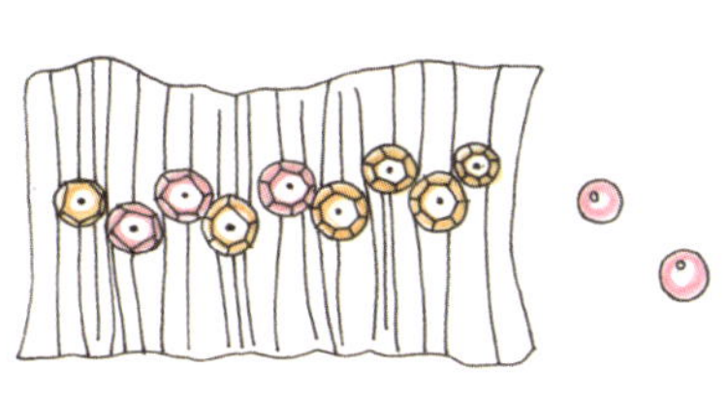

3

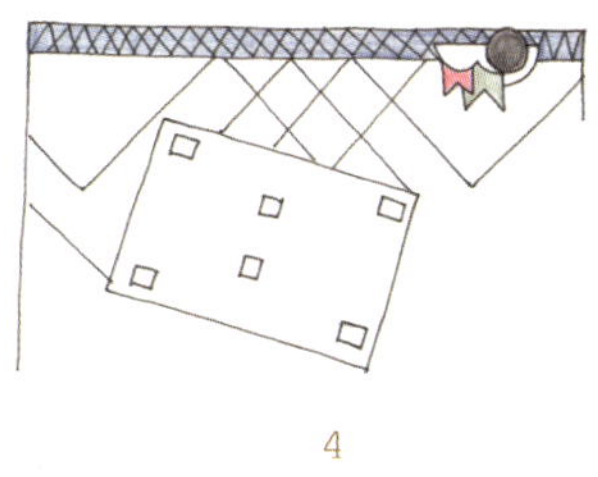

4

5

1 사진 여백에 이미지 편집 프로그램으로 타이틀을 넣어 인화하세요.

2 흰색 주름지에 양면테이프로 프릴 모양을 잡아준 다음 스티치를 넣어주세요.

3 웨딩드레스가 연상되도록 프릴 위에 투명하고 반짝이는 큐빅 장식과 스팽글을 붙여주세요.

4 사진 위치를 정하고 폼 양면테이프로 입체감 있게 붙여주세요.

5 프릴, 다이컷, 팬시 스티커, 프레임, 라벨 등으로 꾸며주세요.

- **종이 프릴**

종이로 프릴을 만들 때에는 종이가 얇아야 자연스러운 주름을 잡을 수 있습니다. 한지나 습자지 소재 혹은 주름이 들어간 종이가 좋습니다.

QnA

Q. 간단하게 디지털 효과를 넣고 싶어요!

A. 포토샵이나 일러스트레이터 등 이미지 편집 프로그램을 다룰 줄 안다면 스크랩북킹 디자인 범위가 넓어집니다. 하지만 이미지 편집 기술이 없어도 스마트폰 편집 프로그램으로 타이틀이나 프레임을 간단히 삽입할 수 있습니다.

Q. 웨딩 스크랩북킹에 어울리는 장식이나 소재는 무엇인가요?

A. 웨딩드레스를 연상시키는 화이트 컬러, 비즈 장식, 실크, 망사 등이 있습니다. 또한 부케를 상징하는 꽃 모티프나 신랑의 보타이를 상징하는 리본 매듭도 센스 있는 장식이 될 거예요.

동그라미 안에 쏙 CIRCLE FRAME

배경지를 둥글게 오려낸 다음에 사진과 패턴지를 덧대고 다양한 장식으로 채워 입체감을 살렸습니다. 평범한 사각 프레임 대신 둥근 프레임에 사진을 놓아 색다르게 표현했습니다. 흰색 펜으로 테두리에 두들링(doodling)하여 유니크함을 더했습니다.

- 난이도: ★ ★ ★ ★　　　 컬러:
- 재료: 배경지, 트레이싱지, 팬시 스티커, 라벨, 장식끈, 나무 장식, 단추, 에나멜 장식, 스팽글, 흰색 펜, 흰색 물감, 붓

1

2

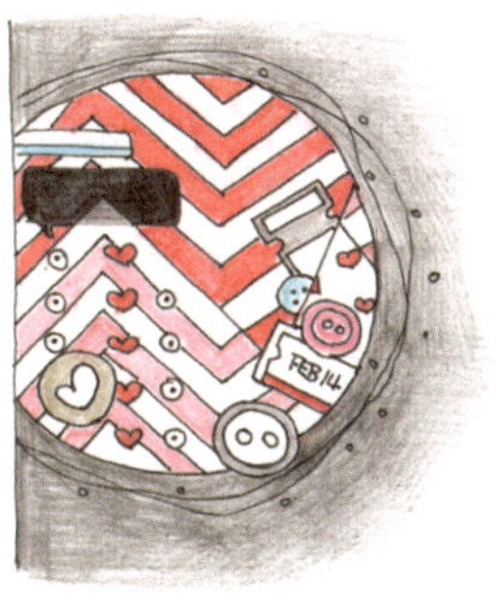

3

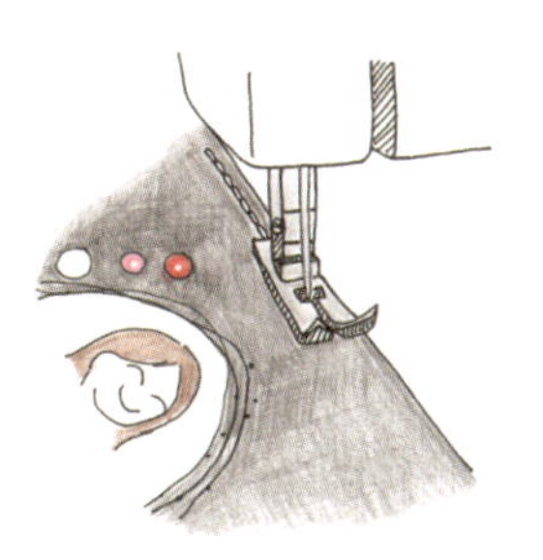

4

1 레터링 패턴이 있는 칠판 느낌의 검은색 바탕 배경지에 흰색 펜으로 크기가 다른 원을 3개 그려주세요.

2 원 안쪽을 칼로 오려내고 뒤편으로 핑크 톤 패턴 배경지와 사진을 덧대어주세요.

3 팬시 스티커, 나무 장식, 단추, 스팽글, 라벨 등으로 꾸며주세요.

4 배경지 테두리와 스팽글 위에 흰색 실로 스티치를 넣어주고, 붓으로 흰색 물감을 몇방울 뿌려 마무리합니다.

블랙 앤 화이트

작품에 쓴 배경지는 빈티지한 흑판에 흰색 분필로 글씨를 쓴 디자인입니다. 흰색 실로 스티치를 넣고, 흰색 물감으로 자국을 내고, 흰색 펜으로 드로잉하여 배경지 디자인을 살렸습니다. 배경지가 검은색이라면 다양한 질감으로 흰색 디테일을 더해보세요.

Q. 원을 따라 흰색 펜으로 테두리를 그리면 어떤 효과가 있나요?

A. 바탕 배경지를 원으로 오려내고 뒤에 패턴 배경지를 덧대면 경계가 두드러집니다. 이때 원을 따라 흰색 펜으로 테두리를 그려주면 경계를 자연스럽게 마무리할 수 있습니다. 책에 실린 작품은 검은색 바탕 배경지에 흰색 펜으로 꾸며 장식적인 효과를 높였습니다.

Q. 원형 모티프를 살려주는 디테일에는 무엇이 있나요?

A. 사진 프레임이나 배경지 컷아웃이 원형일 때에는 장식 또한 원형을 사용하는 것이 좋습니다. 단추, 젬스톤, 스팽글 등 원형 장식을 추가하면 통일감 있는 레이아웃이 됩니다. 만약 사각형 장식을 넣고 싶다면 모서리가 둥근 사각형을 선택하는 것이 좋습니다.

시각적인 자극으로 영감을 얻다

스크랩북킹과 디자인 소스

패션, 건축, 공예 등 실용 디자인 분야의 디자이너들은 직접적인 경험뿐만 아니라 간적접인 경험을 통해서도 많은 영감을 얻어 작품 활동을 합니다. 스크랩북킹 역시 시각 디자인 속성을 가지고 있기 때문에 아무리 사적인 공예활동이라 해도 다양한 간접 경험으로 시각적인 자극을 얻고 영감을 떠올립니다.

반짝이는 별에서 영감을 얻어 화려한 원단으로 제작한 의상, 활짝 핀 꽃에서 영감을 얻어 지은 건축물…스크랩북킹도 마찬가지입니다. 일상을 관찰하다 레이아웃과 디테일에 관한 아이디어를 얻습니다. 각종 디자인 서적, 방송, 쇼핑 등 시각적 자극과 간접 경험으로 디자인 소스를 얻을 수도 있습니다. 특히 요즘은 SNS의 발달로 집에 가만히 앉아서도 필요한 정보를 쉽게 접할 수 있습니다. 지구 반대편에 사는 사람이 만든 스크랩북킹 작품을 구경할 수도 있으니까요.

이렇듯 다양한 매체를 통해 얻은 간접 경험은 개인의 스크랩북킹 작품을 멋지게 표현하는 데 도움이 됩니다. 분명 참신한 아이디어와 감각으로 발전할 것입니다. 대표적으로 멋진 이미지를 유저와 공유하는 인스타그램이나 핀터레스트가 있습니다.

예를 들어 인스타그램에서 마음에 드는 이미지를 발견했다면, 이미지의 세련된 색감, 독특한 형태미, 안정적인 구도 등 디자인적 요소를 추출하는 것입니다. 그리고 자신의 스크랩북킹 디자인에 응용하여 나만의 작품으로 재생산해보세요.

스크랩북킹이 아무리 개인적인 주제의 사진과 이야기로 구성하는 공예라도 혼자서만 보고 즐기는 비밀스럽고 폐쇄적인 것은 아닙니다. 멋진 이미지와 스토리를 창출해내는 개방적인 디자인 작업이 될 수 있습니다. 교류를 통해 영감을 얻고, 개인적인 결과물을 공유하는 즐거움. 굳이 전공자가 아니라도 스마트폰 하나면 누구나 사진작가가 될 수 있는 시대에 지구 반대편까지 자신의 작품을 공유해보세요. 누군가에게는 영감을 주는 예술작품일 수 있습니다. 그래서 세상에 단 하나뿐인 앨범 스크랩북킹을 만드는 사람은 스스로를 '스크랩북킹 디자이너'라고 당당하게 말할 수 있어요.

SNS에서 컬러 팔레트와 모티프의 영감을 얻어 4가지 주요 색상인 애플그린, 블랙, 핫핑크, 오렌지와 블랙 스트라이프, 핑크 플라워, 골드 글리터 모티프를 적용했다.

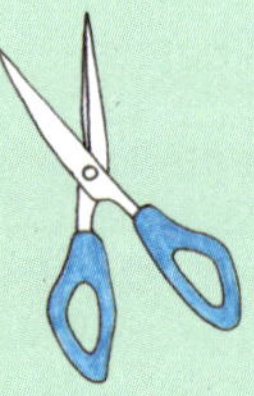   

CHAPTER 04

장식 매치와
부자재를 배우다

공주님은 핑크가 좋아 ROMANTIC PHOTO

핑크색 배경지 위에 화려한 종이꽃으로 로맨틱하게 연출했습니다. 핑크 톤 그러데이션 배경지에 흰색 판박이 장식으로 꾸며
은은하면서도 화사한 분위기를 더했습니다.

- 난이도: ★★
- 컬러:
- 재료: 배경지, 알파벳 스티커, 종이꽃 장식, 나뭇잎 장식, 태그, 라벨, 판박이, 아크릴 장식, 장식끈, 투명 비즈

1

2

1 핑크색 바탕 배경지에 패턴이 다른 종이를 길게 잘라 붙여주세요.

2 사진 뒤편에 반짝이가 붙어 있는 트레이싱지를 덧대어주세요.

3 핑크색 바탕 배경지에 흰색 판박이를 적절하게 배치하여 긁어주세요.

4 종이꽃 장식, 나뭇잎 장식, 아크릴 장식, 태그, 라벨 등을 붙여 꾸밉니다.

3

4

● 입체 종이꽃 장식

종이꽃 질감과 대조되는 단단한 질감의 투명 장식을 함께 사용하면 서로의 특성이 부각되어 효과적입니다. 이때 투명 장식은 부피가 크지 않은 비즈나 아크릴을 선택하는 것이 좋습니다.

Q n A

Q. 평면 장식과 입체 장식을 믹스하고 싶어요!

A. 장식의 특성에 따라 사용 비율을 달리하면 균형감 있는 레이아웃을 만들 수 있습니다. 핵심이 될 장식과 부수적인 요소가 될 장식을 결정한 다음 작업을 시작하세요. 책에 실린 작품에서는 입체 종이꽃을 메인으로, 판박이 등을 부수적으로 사용했습니다.

Q. 종이꽃을 예쁘게 배치하고 싶어요!

A. 여러 송이의 종이꽃을 붙일 때에는 크기와 색상이 다른 종이꽃을 적절히 섞는 것이 좋습니다. 이때 나뭇가지에 핀 꽃무리처럼 자연스럽게 배치하고 꽃 사이사이에 나뭇잎, 철사, 비즈 등을 끼워주세요.

왕자님은 미소천사 LOVELY PHOTO

자수용 색실로 종이 위에 손바느질로 스티치를 넣어 직물과 종이의 대조적인 질감이 돋보이게 연출했습니다.
색실을 그러데이션으로 놓아 보다 발랄한 색감을 표현했습니다.

- 난이도: ★★★　　· 컬러:
- 재료: 배경지, 알파벳 스티커, 타이틀 스티커, 팬시 스티커, 다이컷, 판박이, 라벨, 색실, 바늘, 송곳

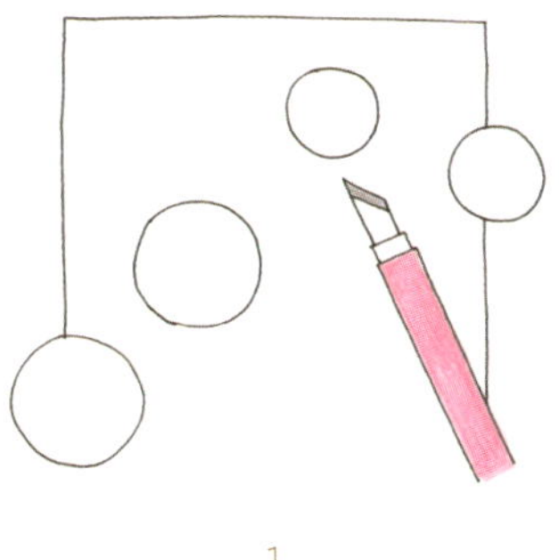

1

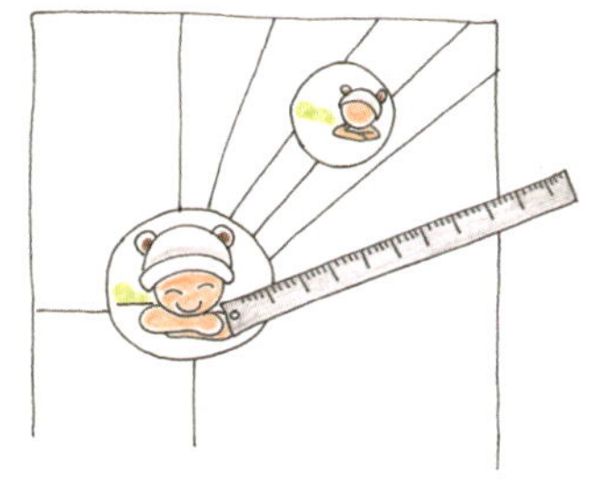

2

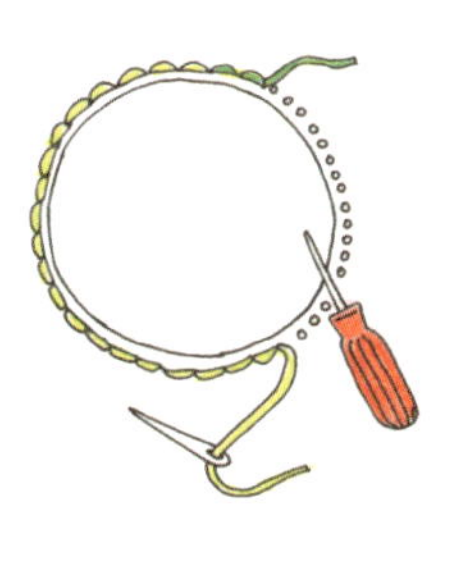

3

4

1 흰색 배경지에 둥근 물체를 대고 크기가 다른 원 2개를 그린 다음 칼로 오려내세요.

2 원에 사진을 끼워보고 원과 원 사이를 직선으로 그어 안정적인 느낌을 만들어주세요.

3 원과 직선을 따라 송곳으로 구멍을 뚫고, 도톰한 색실로 바느질해주세요.

4 원을 따라 알파벳 스티커를 붙여 소제목을 만들고, 직선을 따라 타이틀 스티커와 판박이 문장을 붙여주세요. 원형 다이컷, 팬시 스티커를 더해 마무리합니다.

● **핸드 스티치**

핸드 스티치는 바늘땀이 촘촘하기 때문에 여러 가지 색실을 섞기보다는 그러데이션 정도로만 효과를 주는 게 좋습니다. 대신 장식이나 타이틀은 입체적이고 강한 색감을 선택하세요.

Q. 핸드 스티치에는 어떤 실이 좋나요?

A. 실이 너무 가늘면 핸드 스티치의 장식 효과가 덜합니다. 조금 두꺼운 자수용 실이나 일반실을 겹쳐서 사용하는 게 좋습니다.

Q. 다양한 색상을 표현하고 싶은데 색실이 부족해요!

A. 원하는 색상의 실이 없다면 수채 물감이나 잉크 등으로 흰색 실을 염색해서 사용하세요. 그러데이션 효과를 내도 좋습니다.

비슷한 듯 다르게 TONE ON TONE

베이지, 민트, 블랙을 주조색으로 사용해 차분한 톤으로 연출했습니다.
작은 장식들을 물 흐르듯 배치하여 풍성한 질감을 표현했습니다.

- 난이도: ★★
- 컬러:
- 재료: 배경지, 알파벳 스티커, 타이틀 스티커, 팬시 스티커, 큐빅 장식, 스팽글, 날짜 스탬프, 라벨

DETAIL

1

2

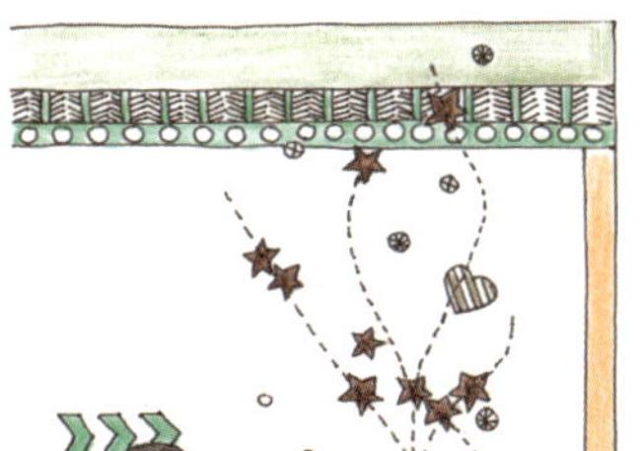

3

4

1 베이지와 민트를 기본색으로 정하고 그에 맞는 배경지를 매치해주세요.

2 포인트 컬러인 블랙을 섞어 타이틀을 만들어주세요. 이때 사진에도 포인트 컬러가 있으면 좋습니다.

3 팬시 스티커, 큐빅 장식, 스팽글 등을 위에서 흘러내리듯 자연스럽게 배치해주고 스티치를 넣어 질감을 더해주세요.

4 심플한 라벨에 날짜 스탬프를 찍어 붙여주면 완성입니다.

- **장식 위 스티치 넣기**

작은 장식 위에 스티치를 넣을 때 목공풀로 장식을 미리 접착해야 장식이 밀리지 않습니다. 이때 목공풀이 장식 밖으로 삐져나오지 않도록 주의하세요.

Q. 톤온톤 디자인은 어떤 효과가 있나요?

A. 작은 크기의 장식을 여러 개 사용할 때 전체 페이지 색감이 강렬하면 자칫 산만한 인상을 줄 수 있습니다. 배경지, 사진, 타이틀 등의 색감을 제한한 톤온톤 디자인은 섬세한 장식들을 돋보이게 합니다.

Q. 톤온톤에서 강조하고 싶은 부분은 어떻게 하죠?

A. 톤온톤이라고 해서 차분한 컬러로만 조합하면 자칫 지루할 수 있습니다. 전체적인 느낌을 해치지 않으면서 포인트가 될 수 있는 액센트 컬러를 한두 가지 정하는 것이 좋습니다. 책에 실린 작품은 베이지와 민트 톤에 블랙을 포인트 컬러로 하여 세련되고 임팩트 있는 디테일을 주었습니다.

기억을 간직하다 PHOTO MEMORABILIA

즐거웠던 티타임을 생생하게 기억하고 싶어서 티백 포장지를 함께 보관했어요.
사진 속 티백과 연결되어 보는 재미가 있습니다.

•• 난이도: ★★★   •• 컬러:

•• 재료: 배경지, 알파벳 스티커, 타이틀 스티커, 포토 프레임, 팬시 스티커, 라벨, 나무 장식, 날짜 스탬프

1

2

3

4

1 티 세트 사진과 사진 속 티백 포장을 준비합니다.

2 흰색 배경지 한쪽에 패턴 배경지를 길게 잘라 붙이고, 티백과 사진에 각각 프레임 장식을 겹쳐 중앙에 대칭으로 배치해주세요.

3 패턴 배경지 반대쪽에 화이트 알파벳 폼 스티커를 랜덤으로 붙여주고, 블랙 타이틀 스티커를 붙여주세요.

4 라벨에 저널을 프린트하여 스티커를 붙여 장식합니다.

- **사용빈도가 낮은 알파벳 스티커**

알파벳을 굳이 단어로 만들어 소진할 필요는 없습니다. 알파벳 스티커를 장식용으로 활용해보세요.

Q. 스크랩북킹에서 말하는 '수집품'은 무엇인가요?

A. 사진 속 상황이나 배경을 기념할 수 있는 것이라면 무엇이든 수집품(memorabilia)입니다. 여행지 지도, 입장권, 통행권, 공연 티켓, 팜플릿, 태그, 라벨 등 소중한 추억을 떠올릴 수 있는 모든 것이 스크랩북킹 수집품 요소가 됩니다. 홍차 애호가라면 티백 포장지나 태그가, 와인 애호가라면 와인 라벨이나 와인병마개가, 영화를 좋아한다면 영화표가 의미 있는 소장품이 되겠죠. 관련 사진과 함께 스크랩북킹해보세요.

Q. 수집품을 스크랩북킹하여 간직하고 싶어요!

A. 티켓이나 입장권을 고정할 때에는 스테이플러로 찍거나 펀치로 구멍을 뚫어 고정하세요. 풀로 붙이는 것보다 디테일이 살아납니다. 장식 집게나 클립을 사용해도 좋습니다.

동그라미를 엮다 MINI CIRCLE FRAME

신생아의 손과 발 사진을 원형 프레임 안에 담고 다양한 입체 장식과 함께 매치했습니다.
동그라미를 엮어 귀엽고 발랄한 인상으로 연출했습니다. 동일한 테마의 사진 여러 장에 스토리를 담아 표현했습니다.

•• 난이도: ★★★★   •• 컬러:
•• 재료: 배경지, 알파벳 스티커, 팬시 스티커, 라벨, 아크릴 장식, 나무 장식, 틴 소재 장식, 단추, 스팽글, 날짜 스탬프

1 그린 계열 패턴 배경지 상단에 알파벳 스티커로 타이틀을 붙여주세요.

2 흰색 바탕 배경지에 흰 종이로 만든 서클 프레임을 올립니다.

3 둥근 프레임에 맞춰 사진을 둥글게 잘라주고, 흰 종이에 인쇄한 저널링도 둥글게 잘라주세요.

4 작은 비닐봉투에 스팽글을 넣고 둥글게 스티치하여 원형 포켓을 만들어 서클 프레임에 부착하세요.

5 폼 양면테이프로 접착하여 입체감을 주세요.

6 단추, 스티커, 라벨, 다이컷, 아크릴 장식, 틴 소재 장식 등으로 서클 프레임을 채워 완성합니다.

- **다수의 미니 프레임**

세분화된 프레임이 여러 개일 경우에는 하나의 스토리로 연결될 수 있는 사진으로 구성하는 것이 좋습니다. 사진 옆에 저널링이 필요한 스크랩북킹에 좋은 레이아웃입니다.

Q. 이중 원형 프레임을 만들고 싶은데 다이컷 머신이 없어요!

A. 종이컵 같은 둥근 물체를 대고 원을 그려준 다음 오려내세요. 오려낸 둥근 조각을 살짝 겹쳐서 그려주면 이중 원형 프레임이 됩니다. 칼로 안쪽 원형을 잘라내면 재미있는 모양의 서클 프레임을 만들 수 있습니다.

Q. 작은 서클 프레임을 꾸미고 나면 너무 복잡해 보이지 않을까요?

A. 색상을 다양하게 사용하기보다는 장식 재질과 형태에 변화를 주어 꾸미는 것이 좋습니다. 책에 실린 작품은 입체 장식이 눈에 띄도록 전체 페이지를 내추럴 톤으로 통일하고 장식 색감도 제한해서 사용했습니다.

추억은 방울방울 SPRAY EFFECT

빈티지한 배경지에 전체적으로 잉크를 흩뿌려 톤다운하여 낡은 듯 연출해주었습니다.
가장자리에 금속 아일릿과 스트링을 엮어서 빈티지함을 강조하는 동시에 입체감을 더했습니다.

- 난이도: ★★★★
- 컬러:
- 재료: 배경지, 흰색잉크, 알파벳 스티커, 팬시 스티커, 다이컷, 단추, 아일릿, 아일릿 펀치, 장식끈

1

2

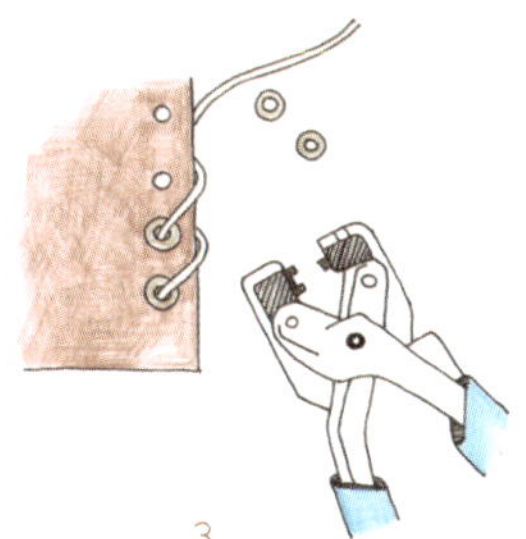

3

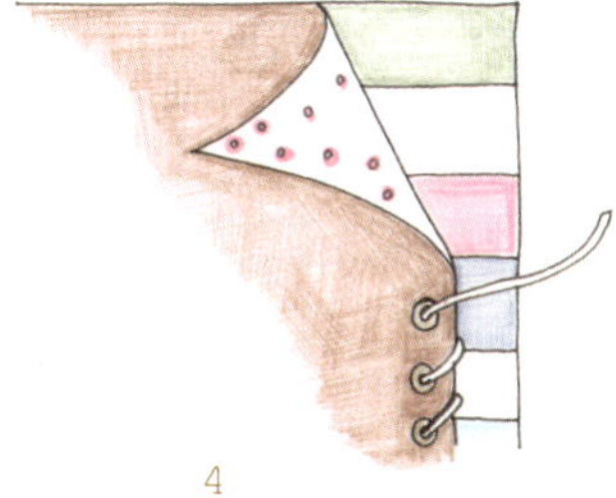

4

5

1 낡은 나무 바닥을 연상시키는 배경지와 빈티지 다이컷을 준비합니다.

2 배경지에 흰색 잉크 스프레이를 분사하여 전체적인 톤을 낮추어 더욱 빈티지하게 연출해주세요.

3 배경지 한쪽에 구멍을 뚫고 금속 아일릿 장식을 박아 장식끈을 끼워서 엮어주세요.

4 상단 코너는 둥글게 접어서 글루건으로 고정하고, 뒤편에 다른 패턴의 종이가 보이도록 덧대어주세요.

5 알파벳 스티커를 조합하여 타이틀을 만들어주고, 팬시 스티커 등을 덧붙여서 완성합니다.

- **빈티지 효과**

책에 실린 작품은 흰색 스프레이 물감을 뿌렸지만 더욱 강렬한 빈티지 효과를 원한다면 브라운이나 카키 계열을 뿌리세요. 배경지 외에 다이컷에 직접 물감을 묻혀도 좋습니다.

QnA

Q. 스프레이 잉크가 없어요!

A. 스프레이 잉크가 없다면 수채 물감이나 젯소로 대체할 수 있습니다. 물감을 묽게 개어 붓으로 배경지에 바른 다음 마른 키친타월로 살짝 닦아내면 자연스럽게 톤다운 효과를 줄 수 있습니다.

Q. 아일릿과 레이스업 디테일을 활용하고 싶어요!

A. 의류나 액세서리에 사용되는 금속 아일릿은 질감과 입체감을 더해주는 훌륭한 스크랩북킹 장식 재료입니다. 금속 컬러 외에도 다양한 컬러의 아일릿이 있으니 한번 활용해보세요. 스트링, 태그 끈, 얇은 리본 등으로 매듭을 엮어주면 더욱 독특한 효과를 줄 수 있습니다.

촉촉하게 물들이다 WATER COLORS

수채물감으로 바탕을 채색하여 자연스럽게 번지는 수채화 특성을 효과적으로 살린 레이아웃입니다.
선호하는 색상의 물감으로 배경지를 자유롭게 꾸밀 수 있다는 장점이 있습니다.

- 난이도: ★★★★　• 컬러:
- 재료: 수채화 전용 종이, 배경지, 수채물감, 붓, 다이컷, 알파벳 스티커, 팬시 스티커, 아크릴 장식, 큐빅 장식, 리본 장식, 클립 장식

1

2

3

4

1 수채화 전용지에 큰 붓으로 물을 발라준 다음 물기가 마르기 전에 수채물감을 칠해주세요.

2 물감이 완전히 마르면 사진과 다이컷 장식을 배치합니다.

3 물감을 칠한 부분에 화이트 알파벳 폼 스티커로 타이틀을 붙여주세요.

4 팬시 스티커, 큐빅 장식, 클립 장식, 리본 장식 등을 더해주고, 배경지의 가장자리는 살짝 접은 후 스티치를 넣어 마무리합니다.

수채 물감

수채 물감의 번짐과 발색을 잘 다루게 되면 다양한 예술적 표현을 할 수 있습니다. 다른 채색 도구에 비해 초보자가 다루기 쉽고 실패할 확률이 적으므로 한번 시도해보세요.

QnA

Q. 반드시 수채화 전용 종이에 칠해야 하나요?

A. 일반 종이에 수채 물감으로 채색하면 종이가 울고 표면이 벗겨집니다. 수채화 전용 종이에 채색하면 종이가 울지 않을 뿐만 아니라 물감 번짐과 발색이 효과적입니다. 되도록 수채화 전용 종이를 사용하세요.

Q. 수채 물감으로 채색할 때 주의할 점은 무엇인가요?

A. 수채 물감은 물의 농도를 조절해서 색의 번짐과 혼합을 사용합니다. 그런데 수채 물감에 익숙하지 않은 사람은 이 작업이 어려울 수 있습니다. 이때 바탕색을 칠하고자 하는 부분에 미리 물을 발라놓으면 물기를 따라 물감이 자연스럽게 번집니다.

꽃잎이 휘날리다 STENCIL FLOWER

흰 배경에 흰색으로 꽃무늬 스텐실 문양을 넣었습니다. 화이트 톤으로 순수한 느낌을 살려준 작품입니다.
소녀 사진과 잘 어울리도록 부드러운 소재의 습자지나 유연성 있는 스트링 등으로 장식해주었습니다.

•• 난이도: ★★★★   •• 컬러:
•• 재료: 배경지, 모델링 페이스트, 스텐실 템플릿, 타이틀 스티커, 팬시 스티커, 금색잉크, 금속 장식, 장식끈, 나무 장식, 포토 프레임,
　　　　리본 장식, 습자지, 주름지

1

2

1 흰색 배경지에 모양 템플릿으로 모델링 페이스트를 발라주세요.

2 모델링 페이스트가 완전히 마르면 사진을 배치하고 흰색 배경지 뒤편에 패턴 배경지를 덧대어주세요.

3 사진 뒤쪽에 프레임 장식, 습자지, 주름지를 겹쳐서 레이어를 만들어주세요.

4 팬시 스티커, 라벨, 타이틀이 새겨진 나무 장식을 붙여주세요. 금사가 섞인 장식끈을 가로 방향으로 자연스럽게 붙여 꾸며주세요.

5 여백에 금색 잉크를 몇 방울 흩뿌려주고, 금색 나뭇잎 장식을 붙여 포인트를 주세요.

3

4

- **스트링 부착**

종이와 맞닿는 부분에만 소량의 풀을 발라야 스트링을 입체감 있게 고정할 수 있습니다. 유연하게 구부러지는 스트링의 특성을 살리는 부착법입니다.

5

Q. 스텐실이 무엇인가요?

A. 종이 표면에 문양이 새겨진 템플릿을 대고 페인트 등의 매체를 톡톡 두드려 바른 다음에 템플릿을 떼어내면 문양대로 색이 입혀집니다. 이를 스텐실이라고 하는데 보통 가구나 패브릭에 문양을 새길 때 많이 사용하는 방법입니다.

Q. 모델링 페이스트가 없어요!

A. 모델링 페이스트는 부드러운 크림 형태지만 완전히 건조되고 나면 단단하게 굳어 형태를 유지하는 미디엄입니다. 스텐실을 할 때 템플릿의 문양을 입체적으로 표현해줄 수 있습니다. 모델링 페이스트가 없다면 젯소나 아크릴 물감을 두껍게 발라서 사용하세요. 비슷한 효과를 얻을 수 있습니다.

콩콩 쿵쿵 스탬프를 찍다 STAMP DECORATION | 그러데이션 스탬핑

톤이 다른 두 가지 잉크로 스탬핑하여 그러데이션 효과를 내어 화려한 색감의 배경을 만들었습니다.
아련하게 옅어지는 스탬핑 작업이 스크랩북킹에 독특한 효과를 더해줍니다.

- 난이도: ★★★
- 컬러:
- 재료: 배경지, 잉크, 에어캡, 타이틀 스티커, 알파벳 스티커, 팬시 스티커, 태그, 다이컷, 장식끈, 레진 장식

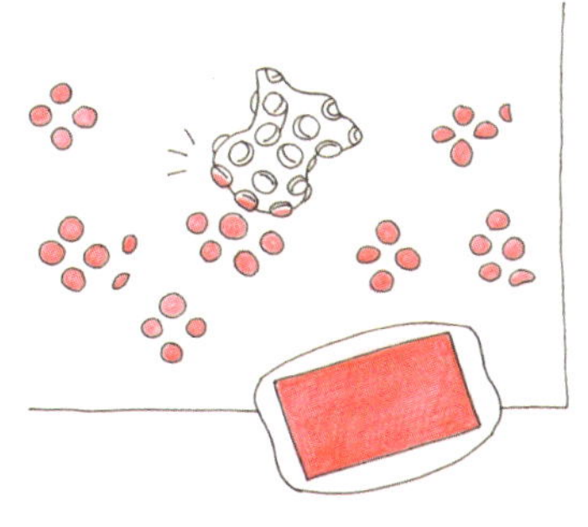

1 에어캡에 잉크를 묻혀 흰색 배경지 하단부터 그러데이션 효과가 나도록 강도를 조절하여 스탬핑해주세요. 위쪽에는 연한 톤의 잉크로 바꿔서 스탬핑합니다.

2 잉크가 완전히 마르면 사진을 배치하고 다이컷으로 장식하세요. 알파벳 스티커를 조합해 타이틀을 만들어줍니다.

3 하단에 패턴 배경지 조각을 길게 잘라 덧붙여주고, 태그를 붙여 저널링해주면 완성입니다.

● **스탬핑**

잉크가 한 가지 색상만 있어도 잉크의 양과 스탬핑 강도를 조절하면 그러데이션 효과를 줄 수 있습니다. 처음에는 잉크를 묻혀서 힘주어 스탬핑하고 두 번째부터는 잉크를 묻히지 않고 스탬핑하는 것입니다. 스탬핑할 때 누르는 힘을 조절해도 비슷한 효과를 줄 수 있습니다.

1

2

3

QnA

Q. 스탬프용 잉크가 없어요!

A. 수채 물감이나 아크릴 물감 등으로 대체할 수 있습니다. 농도를 조절하면 다양한 색감과 질감으로 스탬핑할 수 있어요. 사용 후에는 바로 세척해주어야 스탬프가 상하지 않으니 유의해주세요.

Q. 스탬프가 없어요!

A. 독특한 문양의 아트 스탬프가 없다면 일상생활 소품을 활용해보세요. 택배 포장 속 에어캡, 연필 끝에 달린 지우개, 종이컵 등은 스탬프 대용으로 좋아요. 또는 지우개나 감자 등의 단면을 조각도로 파서 간단한 스탬프를 만들어도 됩니다.

반짝반짝 빛나다 GLITTER DECORATION

종이를 접어주어 입체감을 주고 반짝이는 글리터를 칠해 유니크한 질감을 연출했습니다.
작은 반짝이 하트를 배경에 분산시키고 강렬한 색감의 사진과 눈에 띄는 패턴지를 매치하여 구성했습니다.

•• 난이도: ★★★★   •• 컬러: ▨▨▨▨
•• 재료: 배경지, 알파벳 스티커, 팬시 스티커, 포토 프레임, 틴 소재 장식, 에나멜 장식, 리본 장식, 글리터 파우더, 판박이

1 흰색 배경지에 연필로 하트 반쪽을 그려 칼선을 넣은 다음 접어 올려 입체적인 컷아웃 배경을 만들어주세요.

2 작은 종이조각에 풀을 발라 글리터를 뿌린 다음 컷아웃된 하트 뒤편에 붙여주세요. 반짝이는 글리터 하트 효과를 연출했습니다.

3 패턴 배경지에 흰색 배경지를 올리고 스티치로 고정해주세요.

4 사진 뒤편에 패턴 배경지와 포토 프레임을 겹쳐 장식해주세요.

5 알파벳 스티커와 판박이를 조합해 타이틀을 만들어주고, 리본 장식, 틴 소재 장식, 에나멜 장식, 라벨, 팬시 스티커 등을 붙여주면 완성입니다.

● 포인트 색상

디테일과 색감이 혼재하는 레이아웃은 시선을 확실하게 모으는 포인트 색상을 배치하는 것이 좋습니다. 책에 실린 작품에서는 핫핑크와 블랙으로 시선을 모아주었습니다.

Q. 글리터와 컷아웃으로 꾸민 레이아웃에 어떤 사진을 놓아야 하나요?

A. 복잡한 장식 요소가 많은 레이아웃은 충분한 여백을 확보해주어야 사진이 묻히지 않습니다. 스크랩북킹 테두리에 강한 색감의 패턴지를 덧대면 중앙의 디테일로 시선을 모을 수 있습니다.

Q. 글리터는 가루날림이 걱정돼요!

A. 글리터 작업을 할 때 가루가 날리거나 반짝이 입자가 묻어나올 수 있습니다. 이때 글리터 위에 투명한 젤미디움을 발라주면 코팅 효과가 생겨 입자를 견고하게 잡아줍니다.

스크랩북킹은 진화 중이다

스크랩북킹과 트렌드 '프로젝트 라이프'

이제까지의 스크랩북킹이 몇 장의 사진과 짧은 기록으로 지난 사건을 정리하고 기억을 회상하는 정적인 행위였다면, 최근의 스크랩북킹은 라이프스타일 변화와 함께 진화하고 있습니다. 스마트폰 하나면 사진이나 글을 실시간으로 전 세계에 공유하는 이 시대의 욕망에 철저하게 부응하려는 걸까요. 스크랩북킹에서도 기억을 더 세분화하여 꼼꼼하게 기록하려는 움직임이 일고 있습니다.

필름 몇 통에 여름휴가의 추억을 저장하던 시대는 옛날입니다. 소소한 일상도 디지털 파일로 손쉽게 포착할 수 있는 시대입니다. 그러다보니 스크랩북킹을 하는 이들도 보다 자세한 추억을 남기기 위해 더 많은 사진과 이야기를 담을 공간과 형식을 찾는 것 같습니다. 배경지 한 장 위에 사진 한두 장으로 구성하던 기존의 스크랩북킹 형식보다 더욱 액티브하게 대량의 사진을 배치하고 보다 짜임새 있는 연속성을 표현하는 것에 열광합니다.

그래서 탄생한 것이 바로 '프로젝트 라이프Project Life'입니다. 프로젝트 라이프는 일종의 포켓 앨범 형식으로 앨범 한 페이지나 두 페이지씩 구분하고 페이지당 하루, 일주일 등 기간을 정해두고 일상을 꾸준하게 기록해나가는 스크랩북킹 방식입니다. 미국의 베키 히긴스Becky Higgins가 고안해서 처음 론칭한 브랜드 프로젝트 라이프에서 이름이 생겼습니다.

IT기기의 발달로 디지털 카메라와 스마트폰으로 찍은 사진 파일이 쌓여 저장한 폴더 찾기도 힘들 지경인 경우도 많습니다. 방대한 양의 사진을 모두 인화해서 앨범을 만드는 것은 불가능하죠. 프로젝트 라이프는 하루하루 쌓여가는 디지털 사진 중 몇 장을 골라 실제 손에 잡히는 추억으로 정리하려는 프로젝트입니다. 대신 작업은 보다 간결하고 신속하게 이루어질 수 있는 형태를 취합니다.

정통 스크랩북킹이 특정한 사건을 기반으로 한 주제 중심의 기록이었다면, 프로젝트 라이프는 일상의 꾸준한 기록에 초점을 맞춥니다. 일상을 사진이나 짤막한 글로 남겨 블로그나 SNS에 지속적으로 올리는 형식과 일맥상통한 것이죠. 특정한 순간과 의미를 부여하고 싶은 주제에 포커스를 맞춰 정통적인 방식의 스크랩북킹을 할 것인지 아니면 방대한 사진과 실시간적인 현장감을 따라잡기 위해서 간결한 방법으로 지속적인 흐름을 구성해나가는 프로젝트 라이프를 할 것인지는 스크랩북킹을 즐기는 이들에게는 행복한 고민일 것입니다.

1.일상을 주제로 한 프로젝트 라이프

2.여행을 주제로 한 프로젝트 라이프

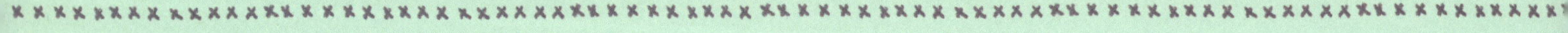

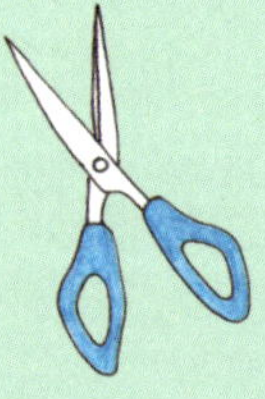

GALLERY
스크랩북킹
갤러리

스크랩북킹 갤러리 SCRAPBOOKING GALLERY

다양한 스크랩북킹 작품을 소개합니다. 스크랩북킹 핵심 키워드를 해시태그로 달았습니다.
작품 활동에 참고하여 이 세상에 단 하나뿐인 앨범을 만들어보세요.

#화이트 #타이틀 #종이접기 #벨룸지

#그리드 #변형 #빈티지

#도일리 #골드 #프레임

#도일리 #핑크 #로맨틱

#리본 #코르사주 #로맨틱 #빈티지

#멀티포토 #파노라마

\#리본 \#컷아웃 \#타이틀 \#핑크

\#멀티포토 \#타이틀 \#달력

\#블랙 \#팬시 스티커 \#스팽글

\#블랙 \#패치워크 \#흑백사진

\#빅포토 \#팬시 스티커

\#서클 \#스티치 \#흑백사진 \#젬스톤

\#빅포토 \#타이틀

\#서클 \#플라워 리스 \#스트링 \#젬스톤

\#서클 \#패치워크 \#빈티지

#수채 물감 #물감 뿌리기 #타이틀

#수채 물감 #베이비

#수채 물감 #프레임 #화이트 타이틀

#쉐브론 #물감 뿌리기

#쉐브론 #여백 #팬시 스티커

#쉐브론 #젯소 #빈티지

#스트링 #실버 #물감

#스트링 #아일릿 #프레임

#라벨 #패치워크

#스티치 #타이틀 #베이비

#멀티포토 #물감 뿌리기

#스티치 #말풍선

#프릴 #스팽글

#스팽글 #베이비 #스트라이프

#벨룸지 #사진 분할 #태그

#스팽글 #리본 #로맨틱

#물감 뿌리기 #흰색 물감 #프레임

#물감 뿌리기 #물감

#종이접기 #스티치

#저널링 #물감 뿌리기 #패치워크

#프레임 #패치워크 #스티치

#컷아웃 #타이틀 #패치워크

#종이접기 #스티치 #물감 뿌리기

#빅포토 #팬시 스티커 #젬스톤

#컷아웃 #젬스톤

#타이틀 #팬시 스티커 #여름

#타이틀 #프레임

#스티치 #타이틀 #베이비

#멀티포토 #물감 뿌리기

#스티치 #말풍선

#프릴 #스팽글

#스팽글 #베이비 #스트라이프

#벨룸지 #사진 분할 #태그

#스팽글 #리본 #로맨틱

#물감 뿌리기 #흰색 물감 #프레임

#물감 뿌리기 #물감

#종이접기 #스티치

#저널링 #물감 뿌리기 #패치워크

#프레임 #패치워크 #스티치

#컷아웃 #타이틀 #패치워크

#종이접기 #스티치 #물감 뿌리기

#빅포토 #팬시 스티커 #젬스톤

#컷아웃 #젬스톤

#타이틀 #팬시 스티커 #여름

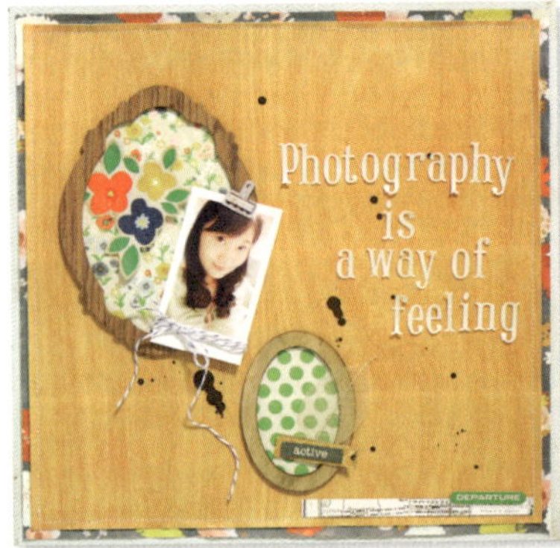

#타이틀 #프레임

\#팬시 스티커 #여름

\#타이틀 #블랙톤

\#태그 #라벨

\#태그 #라벨 #프레임

\#화이트 #타이틀

\#패치워크 #화이트 타이틀

\#스티치 #타이틀 #베이비

\#패치워크 #자투리 패턴지 #베이비

\#팬시 스티커 #프레임 #여름

\#팬시 스티커 \#물감 \#종이접기

\#벨룸포켓 \#물감 뿌리기

\#프레임 \#빈티지

\#포켓 \#스팽글 \#컷아웃 \#물감

\#프레임 \#종이접기 \#타이틀

\#스플래터 \#팬시 스티커

\#워터컬러 \#빈티지

\#워터컬러 \#빈티지

\#웨딩 \#팬시 스티커

#정중앙 포토 #골드 #젬스톤

#정중앙 포토 #타이틀 #물감 뿌리기

#정중앙 포토 #프레임 #베이비

#정중앙 포토 #타이틀 #쉐브론

#타이틀 #젬스톤

#타이틀 #베이비

#패치워크 #물감 뿌리기

#프레임 #패치워크

#화이트 타이틀 #프릴 #베이비

처음 만나는 스크랩북킹

초판 1쇄 인쇄 2016년 10월 10일
초판 1쇄 발행 2016년 10월 17일

지은이 지나 진
펴낸이 신주현 이정희
편집 하진수
디자인 김여진
일러스트 미스 까뜨린

펴낸곳 미디어샘
출판등록 2009년 11월 11일 제311-2009-33호
주소 (03345) 서울시 은평구 통일로 856 메트로타워 1117호
전화 02-355-3922
팩스 02-6499-3922
전자우편 mdsam@mdsam.net

ISBN 978-89-6857-059-9 13630

www.mdsam.net